Sigrid Bode/Brigitte Dietze/Gundula Steinert

Stricken und Häkeln fürs Baby

Sigrid Bode / Brigitte Dietze / Gundula Steinert

Stricken und Häkeln fürs Baby

Pullover, Jacken, Mützen,
Hosen, Schuhe, Strümpfe

Augustus Verlag

Inhalt

Vorwort

Ein Kind wird erwartet. Nachdem die erste Aufregung vorüber ist, beginnt die ganze Familie sich darauf vorzubereiten. Das Kinderzimmer wird renoviert, die Wiege frisch gestrichen ... Und an den Abenden greift die werdende Mutti oder zukünftige Oma zu Nadel und Faden und strickt die erste Ausfahrgarnitur.

Dieses Buch gibt Ihnen Anregungen und Tips, wie Sie für die Kleinen hübsche Strick- und Häkelsachen anfertigen können. Wir haben Modelle für Sommer und Winter vorbereitet, von der kleinsten Babygröße bis zu Jäckchen, Höschen, Mützchen und Pullovern für die etwa Zwei- bis Dreijährigen.

Und auch, wenn Sie nur mal ein kleines Geschenk für diesen freudigen Anlaß brauchen: Wie wär's mit niedlichen Schuhchen oder winzigen Söckchen? Wir hoffen, Ihnen mit dieser Auswahl interessante Ideen zu bieten – egal, ob Sie die Modelle original nacharbeiten möchten oder vielleicht die Muster und Schnitte als Anregung für eigene Entwürfe verwenden wollen. Die vielen Zeichnungen werden auch Ungeübten das Nacharbeiten einfach machen.

Viel Spaß und Erfolg bei Ihrer Handarbeit wünschen Ihnen

die Autorinnen

Für die freundliche Unterstützung bedanken wir uns bei den Firmen Schachenmayr und ONline.

Grundtechniken

1 x 1 des Strickens

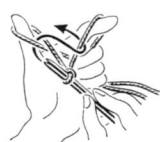 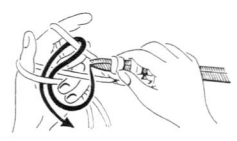

Die Zeichnungen zeigen das **Anschlagen der Maschen** am Anfang der Arbeit.

Außen rechte M: In den Hin-R rechte M, in den Rück-R linke M, in Runden stets rechte M str.

Außen linke M: In den Hin-R linke M, in den Rück-R rechte M, in Runden stets linke M str.

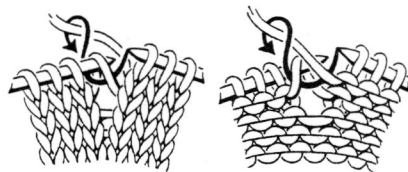

Zunehmen einer Masche: Den Verbindungsfaden zwischen 2 M auf die linke Nadel nehmen und rechts verschränkt bzw. links abstr.

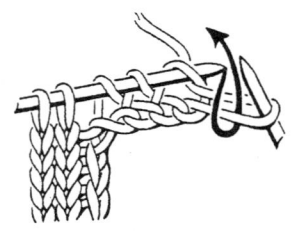

Verlängern der Reihen: Aus der 1. M eine neue M str., diese dann verdreht auf die linke Nadel heben.

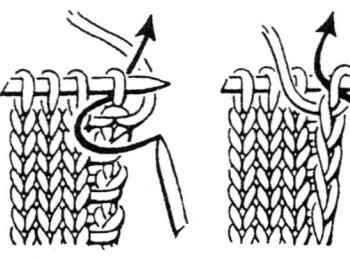

Für den **Knötchenrand** die 1. M. wie zum Rechtsstr. abheben, für den **Kettenrand** die 1. M wie zum Linksstr. abheben, die letzte M rechts str.

Verkreuzen von Farbfäden: In den Hin-R (links) den gebrauchten Faden vor, in den Rück-R (rechts) hinter dem neuen Faden liegen lassen.

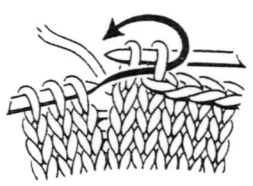

Abketten: Zuerst 2 M str., die 1. M über die 2. M ziehen, dann mustergemäß 1 M rechts bzw. links str., die 1. M über die 2. M ziehen.

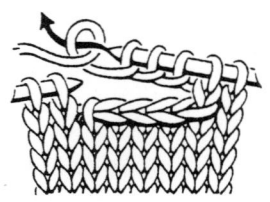

Für ein waagerechtes Knopfloch entsprechend viele M abk., in der folgenden R wieder neu anschlagen.

Die Probe zeigt, wie man die auf der Stricknadel bzw. auf dem Faden gelassenen M mit **Steppstichen** aufnäht.

Lesen von Strickschriften und Zählmustern

Die Strickschriften und Zählmuster von unten nach oben lesen, die Reihen abwechselnd einmal von rechts nach links und einmal von links nach rechts (bzw. von der Reihenzahl aus), die Runden stets von rechts nach links ablesen. Den Mustersatz (die Mustersätze) in Breite und Höhe fortlaufend wiederholen. Zusätzlich zu jedem Muster Randmaschen str. Sind an den Strickschriften außerhalb des Mustersatzes Maschen angegeben, diese nur am Anfang und Ende der Reihen str.

Lesen von Häkelschemas

Bei A mit einer Luftmaschenkette beginnen. Die Schemas von unten nach oben, die Reihen einmal von rechts nach links und einmal von links nach rechts bzw. abw. einmal von links nach rechts und einmal von rechts nach links ablesen. Am Ende der Reihen die Arbeit mit der angegebenen Anzahl Luftmaschen wenden. Den Mustersatz (die Mustersätze) innerhalb der Pfeile wiederholen.

Maschenprobe

Vor Beginn der Arbeit ist zunächst eine reichlich 10 x 10 cm große Maschenprobe anzufertigen. Die Berechnungen in den Modellbeschreibungen können nur dann verwendet werden, wenn die eigene Maschenprobe mit der angegebenen übereinstimmt. Selbst bei Verwendung des gleichen Materials kann das Maschenbild anders ausfallen. Fällt die Musterprobe fester aus – erhält man also mehr Maschen und Reihen auf 10 cm – muß eine größere Nadelstärke verwendet werden. Erhält man weniger Maschen und Reihen auf 10 cm, ist eine kleinere Nadelstärke einzusetzen. Elastische Muster (z.B. Bündchen) müssen leicht ausgedehnt werden.

Fertigstellen

Nachdem alle Teile fertig gearbeitet sind, spannt man sie mit der Arbeitsrückseite nach oben auf, dabei werden die Ränder dicht mit Stecknadeln aufgesteckt. Dann legt man ein feuchtes Tuch darüber und dämpft sie vorsichtig. Den gleichen Effekt erzielt man beim Bügeln mit einem Dampfbügeleisen durch ein trockenes Tuch. Modelle aus synthetischen Garnen sollen nur leicht

angefeuchtet und nach dem Trocknen wieder abgenommen werden. Elastische Muster (Bündchen) dürfen nicht gedämpft werden.

Nach dem Heften und der Anprobe schließt man die Nähte. Blenden können angearbeitet werden. Dafür holt man aus dem entsprechenden Rand von rechts Maschen heraus und strickt die Blende gleich an. Man kann die Blenden auch extra stricken und dem Rand der Strickteile von rechts mit Steppstichen aufnähen.

Abkürzungen:		re	= rechts/rechte
		Rück-R	= Rückreihen
abk.	= abketten	str.	= stricken
abn.	= abnehmen	U	= Umschlag
abw.	= abwechselnd	zun.	= zunehmen
anschl.	= anschlagen		
Hin-R	= Hinreihen		(abw. bei Musterbeschreibungen bedeutet, daß der beschriebene Mustersatz von der ersten bis zur letzten Masche fortlaufend zu wiederholen ist. Außerdem sind zusätzlich zu jedem Muster Randmaschen zu stricken.)
li	= links/linke		
M	= Masche(n)		
MA	= Maschenanschlag		
R	= Reihe(n)		
Rd	= Runde(n)		

MOLLY 7

Babys erste Masche – Garnituren für die Kleinsten

Babygarnitur im Spitzenmuster

Größe 62

Material:
KKK „Club" (100 % Baumwolle, Lauflänge: 50 g etwa 156 m), etwa 200 g weiß (Fb 21), Stricknadeln, 1 Spiel Stricknadeln und 1 Häkelnadel Nr. 2½.

Musterkante: Strickschrift 1 a. In den nichtgegebenen Rück-R alle M und U li str. In den nichtgegebenen Rd alle M und U re str. Den Mustersatz innerhalb der Pfeile wiederholen. Außerhalb der Pfeile sind Rand-M gegeben, die nur am Anfang und Ende der R zu str. sind. Die 1. – 22. R einmal str.
M-Probe: 28 M = 10 cm / 22 R bzw. Rd = 5 cm.

Lochmuster: Strickschrift 1b. In den nichtgegebenen Rück-R alle M und U li str. In den nichtgegebenen Rd alle M und U re str. Den Mustersatz innerhalb der Pfeile wiederholen. Außerhalb der Pfeile sind Rand-M gegeben, die nur am Anfang und Ende der R zu str. sind. Die 1. bis 4. R wiederholen.
M-Probe: 28 M = 10 cm / 10 R bzw. Rd = 2 cm.

Spitzenmuster: Strickschrift 1c. In den nichtgegebenen Rück-R alle M und U li str. In den nichtgegebenen Rd alle M und U re str. Den Mustersatz innerhalb der Pfeile wiederholen. Außerhalb der Pfeile sind Rand-M gegeben, die nur am Anfang und Ende der R zu str. sind. Die 1. - 8. R wiederholen.
M-Probe: 28 M / 48 R bzw. Rd = 10 cm.

1a

1b

1c

Zeichenerklärung auf Seite 14

Kraus str.: In den Hin- und Rück-R stets re M str.
M-Probe: 26 M = 10 cm.

Außen re: In den Hin-R re M, in den Rück-R li M str. In Rd stets re M str.
M-Probe: 28 M / 32 R bzw. Rd = 10 cm

1d

Jäckchen

Vorderteile: MA = je 13 cm (37 M + 2 Rand-M). Anschließend 5 cm (22 R) die Musterkante, 2 R kraus, 2 cm (10 R) im Lochmuster, 2 R kraus str., dann 5 cm (24 R) im Spitzenmuster str. Die M stilllegen.

Rückenteil: MA = 26 cm (73 M + 2 Rand-M). Anschließend die Musterfolge

wie für das Vorderteil beschrieben str. Die M stilllegen.

Ärmel: MA = je 13 cm (37 M + 2 Rand-M). Anschließend 5 cm (22 R) die Musterkante, 2 R kraus, 2 cm (10 R) im Lochmuster, 2 R kraus str., dann 8 cm (40 R) im Spitzenmuster str.

Ärmelschrägungen (nach 22 R): Beidseitig 9 x in jeder 6. R 2 M zun. Die zugenommenen M im Spitzenmuster einfügen. Die M stilllegen.

Nun die stillgelegten M der Vorderteile, der Ärmel und des Rückenteils auf eine

Nadel nehmen und im Zusammenhang in R im Spitzenmuster weiterarbeiten. Für die Raglanschrägungen nach Strickschrift 1d str. Dafür in der 1. R die Rand-M jeweils re zusammenstr. (Pfeil an Strickschrift 1d). Für die Abnehmestellen an der Raglanschrägung die 3. – 10. R stets wiederholen. Nach insgesamt 40 R der Raglanschrägung für die **Ausschnittblende** noch 1 cm (6 R) kraus str. Dabei in der 3. R an 6 gleichmäßig verteilten Stellen je 2 M re zusammenstr. In der 6. R die M gleichzeitig abk. Für die **vorderen Blenden** aus den vorderen Rändern von rechts M herausholen (21 cm, 55 M) und 1 cm (6 R) kraus str. Der rechten Blende 5 Knopflöcher einstr. Abstand der Knopflöcher vom oberen und unteren Rand je 3 M (einschließlich Rand-M), dazwischen 9 M. Für jedes Knopfloch in der 3. R 3 M abk. und in der 4. R wieder anschl. In der 6. R die Blenden-M gleichzeitig abk. Die Seiten- und Ärmelnähte schließen.

Vorderes und hinteres Jackenteil, Hälfte

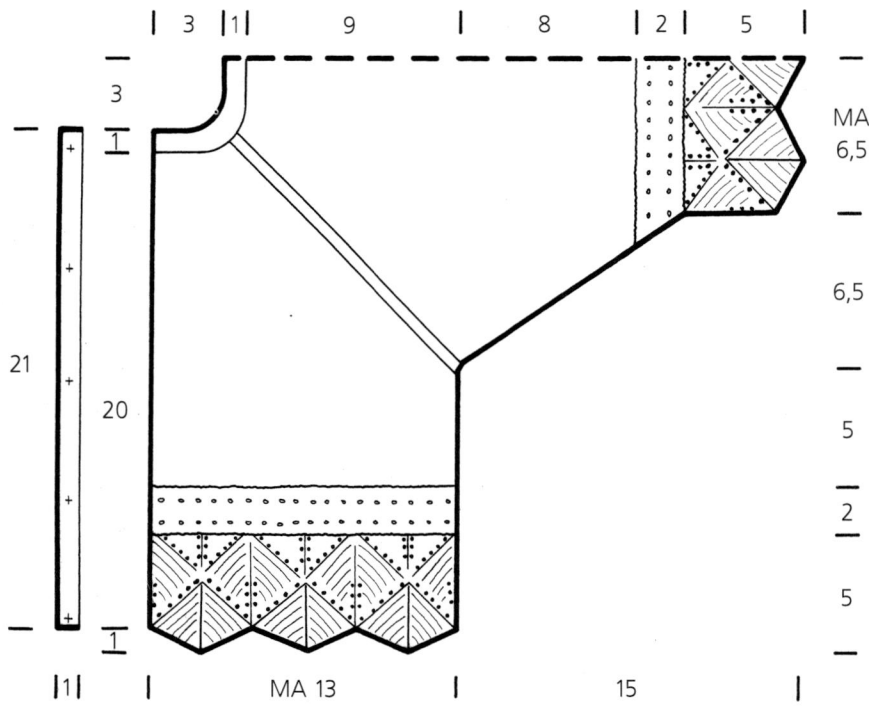

Mütze

Hinteres rundes Mützenteil: MA in der Mitte mit 6 Luft-M. Die Luft-M mit einer Ketten-M zur Rd schließen und um den Luft-M-Ring greifend 11 feste M häkeln. Mit einer Ketten-M die Rd schließen. Mit den Stricknadeln vom Nadelspiel aus der Häkelschlinge und jeder festen M 1 M herausholen. In der 1. Rd 6 x abw. 2 M re str. und 1 U bilden.

| 5 | *Hinteres Mützenteil*

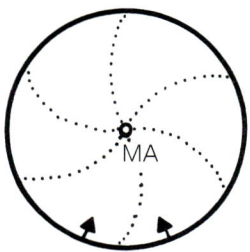

In allen folgenden Rd die M und U re str. und vor jedem U der vorhergehenden Rd 1 neuen U bilden. Nach insgesamt 5 cm (15 Rd) alle M abk.

Vorderes Mützenteil: MA = 26 cm (73 M + 2 Rand-M). Anschließend 5 cm (22 R) die Musterkante, 2 R kraus, 2 cm (10 R) im Lochmuster, 2 R kraus str., dann 4 cm (20 R) im Spitzenmuster str. Die M abk. Das vordere und hintere Mützenteil zusammennähen (von Pfeil bis Pfeil). Aus dem unteren Mützenrand von rechts M herausholen (25 cm, 67 M) und 1 cm (6 R) kraus str. Für die Schnürlöcher in der 3. R 16 x abw. 2 M re. str., 2 M re zusammenstr. und 1 U bilden, zuletzt noch 3 M re str. In der 4. R alle M und U re str. In der 6. R gleichzeitig abk.

Vorderes Mützenteil, Hälfte

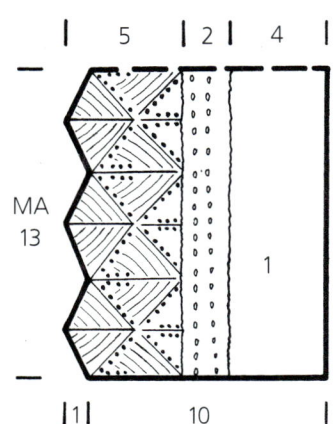

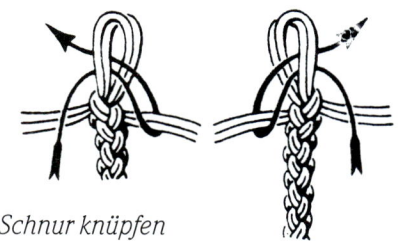

Schnur knüpfen

Eine etwa 50 cm lange Schnur knüpfen (siehe Zeichnung). An jedem Ende eine Troddel befestigen.

Für eine **Troddel** 6 Luft-M häkeln. Die Luft-M-Kette mit einer Ketten-M zur Rd schließen. **1. Rd.:** 16 Stäbchen um den Luft-M-Ring greifend häkeln. **2. Rd.:** 4 x 4 zusammen abgemaschte Stäbchen häkeln. Für jede Rd mit 3 Luft-M klettern. Die letzten M zusammenziehen.

Strümpfchen

Grundform: MA am oberen Rand = je 13 cm (36 M). In Rd str. Dafür nur die M innerhalb der Pfeile an den Strickschriften wiederholen. Die 2. Rd von Strickschrift 1a re str. Der Rundenübergang liegt in der hinteren Mitte. Musterfolge: 5 cm (22 Rd) die Musterkante, 1 Rd li M, 1 Rd re M, 1,5 cm (6 Rd) im Lochmuster 1 Rd li M, dann außen re weiterstr. Nach 2 Rd außen re für die Ferse 18 M in R außen re str. Nach 12 R die M der Ferse in 3 Teile teilen und nur über die mittleren 6 M arbeiten. Für das Deckelchen am Ende jeder Hin-R die letzte der 6 Mittel-M mit der folgenden M überzogen zusammenstr., wenden, die 1. M mit vorge-

Strümpfchen

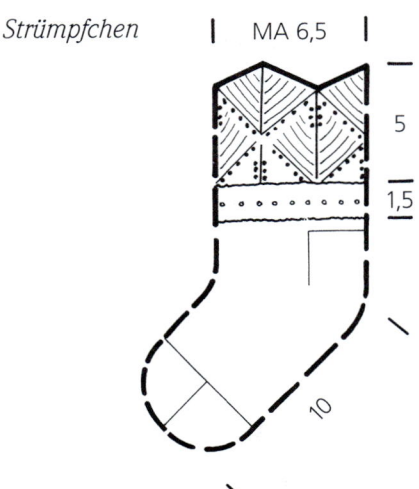

MA 6,5
5
1,5
10

legtem Faden abheben, am Ende jeder Rück-R die letzte der 6 Mittel-M mit der folgenden M li zusammenstr., wenden und die 1. M mit hintergelegtem Faden abheben. Sind alle seitlichen M zusammengestr., aus den Rand-M der Ferse von re M herausholen (je 6 M). Die aufgenommenen M in der 1. Rd re verschränkt str. In Rd außen re über 36 M weiterstr. Nach weiteren 6 cm (20 Rd) für die Spitze 7 x in jeder Rd beiderseitig nebeneinander 2 M re und 2 M überzogen zusammenstr. Die letzten 8 M zusammenziehen. Zwei etwa 40 cm lange Schnüre knüpfen (siehe Zeichnung S. 13). An jedem Ende eine Troddel befestigen.

Zeichenerklärung:

■ = 1 M re

⊟ = 1 M li

O = 1 U

◢ = 2 M re zusammenstr.

◣ = 2 M überzogen zusammenstr., d.h. 1 M wie zum Rechtsstr. abheben, 1 M re str., dann die abgehobene M darüberziehen.

◿ = 3 M zusammenstr., d.h. 2 M zusammen wie zum Rechtsstr. abheben, 1 M re str., dann die zwei abgehobenen M darüberziehen.

▲ = 3 M re zusammenstr.

∩ = 3 M überzogen zusammenstr., d.h. 1 M wie zum Rechtsstr. abheben, die folgenden 2 M re zusammenstr., dann die abgehobene M darüberziehen.

· = 1 Luft-M

⌢ = 1 Ketten-M

+ = 1 feste M

| = 1 Stäbchen

Gehäkelte Babygarnitur

Größe 68

Material:
Schachenmayr „Timmi"
(50 % Polyacryl, 25 % Schurwolle,
25 % Viskose, Lauflänge: 50 g etwa
200 m), etwa 300 g rosa (Fb 4802),
1 Häkelnadel Nr. 3.

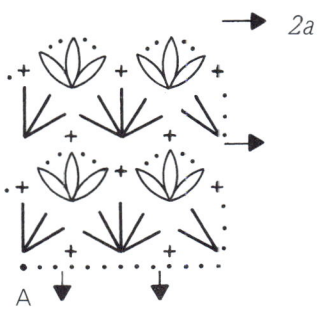

2a

Noppenmuster: Schema 2a. Bei A mit einer Luft-M-Kette beginnen. In der 1. R in die Anschlag-Luft-M, in allen folgenden R ins volle M-Glied einstechen. In Breite und Höhe ist innerhalb der Pfeile ein Mustersatz gegeben, der zu wiederholen ist. Außerhalb der Pfeile sind Rand-M gegeben, die nur am Anfang und Ende der R zu häkeln sind. M-Probe: 24 M / 12 R = 10 cm.

Dichtes Muster: Mit einer Luft-M-Kette beginnen. 1. R: In die 2., dann in

jede Anschlag-Luft-M eine feste M häkeln. Mit einer Luft-M wenden. 2. und alle folgenden R: Feste M häkeln, dabei in jedes volle untere M-Glied einstechen. Mit einer Luft-M wenden. M-Probe: 25 M / 25 R = 10 cm

Jäckchen

Vorderteile: MA = je 15 cm (37 Luft-M + 3 Wende-Luft-M). Im Noppenmuster häkeln. Nach 15 cm (18 R) für die

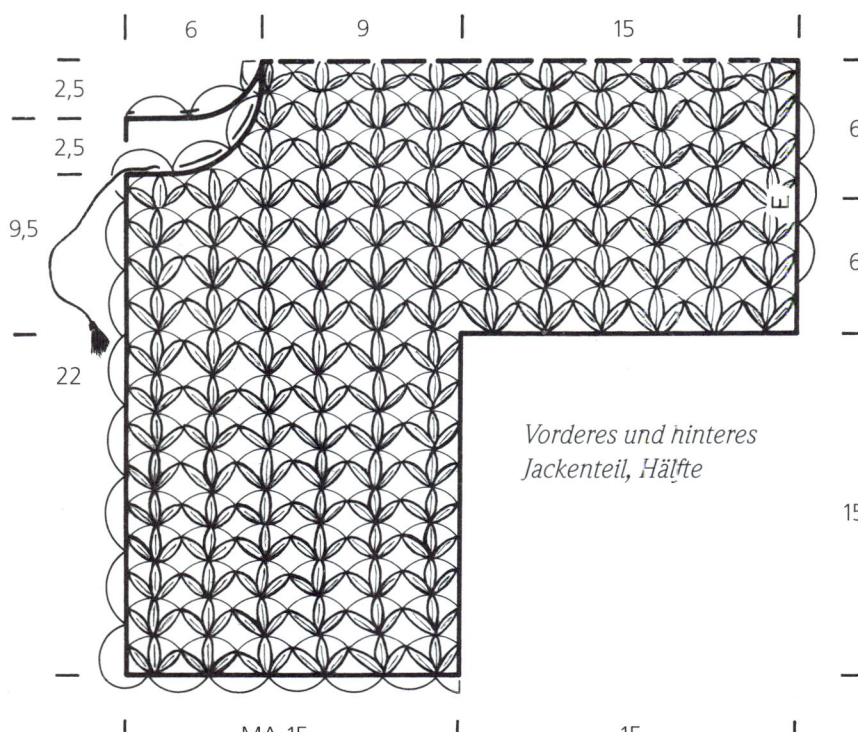

Vorderes und hinteres Jackenteil, Hälfte

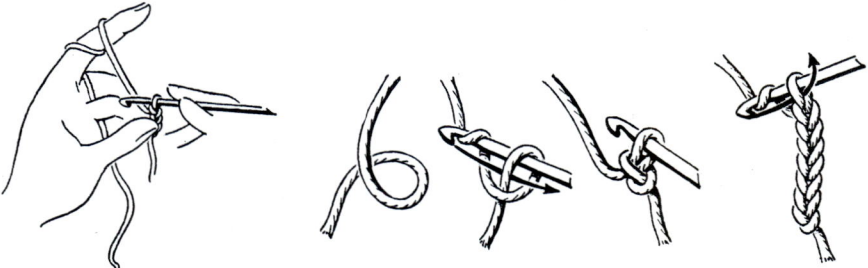

Luftmaschenschnur

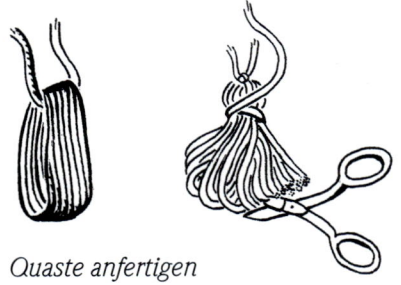

Quaste anfertigen

Ärmel je 15 cm (36 Luft-M + 3 Wen-de-Luft-M) anschl. Über alle M im Noppenmuster häkeln. Für den **vorderen Halsausschnitt** nach 22 cm (26 R) in jeder 2. R 2 x 6 M und 1 x 3 M stehenlassen. Von der Schulterlinie an für den **hinteren Halsausschnitt** in jeder R 2 x 3 M anschl., zwischen den Teilen 18 M anschl. und wieder über alle M im Noppenmuster häkeln. Nach weiteren 9,5 cm (11 R) beidseitig 15 cm (35 M) für die Ärmel stehenlassen und über die mittleren 30 cm (73 M) das **Rücken-teil** 15 cm (18 R) anhäkeln.

Die Nähte schließen. Allen Rändern eine Kante (1. R von Schema 2a) anhäkeln. Am unteren Rand und an den vorderen Rändern in die Einstichpunkte des Noppenmusters einstechen. An den Ecken 7 Stäbchen in einen Einstichpunkt häkeln. Den Halsausschnitt etwas einhalten. An den Ärmelrändern zunächst 1 R im dichten Muster häkeln, dabei die Ränder einhalten (auf 30 M). Dann die Kante häkeln, dabei in jede 3. feste M einstechen.

Eine etwa 90 cm lange Luft-M-Schnur aus doppelfädigem Garn häkeln (siehe Zeichnungen oben). Die Schnur zwischen den Einstichpunkten der Ausschnittkante durchziehen und an jedem Ende eine etwa 3 cm lange Quaste befestigen (siehe Zeichnungen links).

Mütze

Hinteres Mützenteil: Nach dem Schema 2b häkeln. In der Mitte bei A mit einer Luft-M-Kette (16 Luft-M)

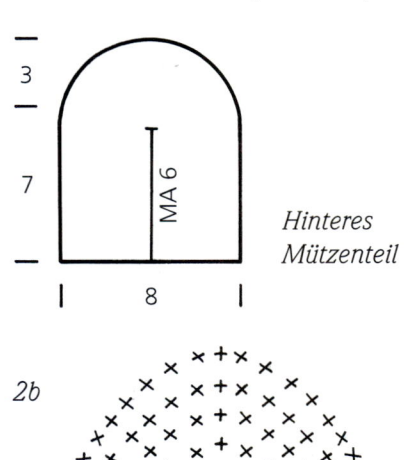

Hinteres Mützenteil

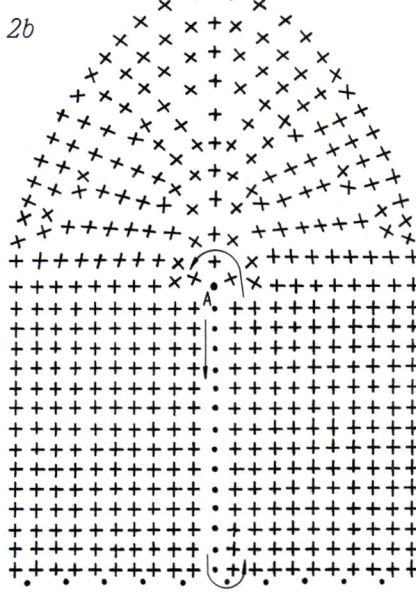

2b

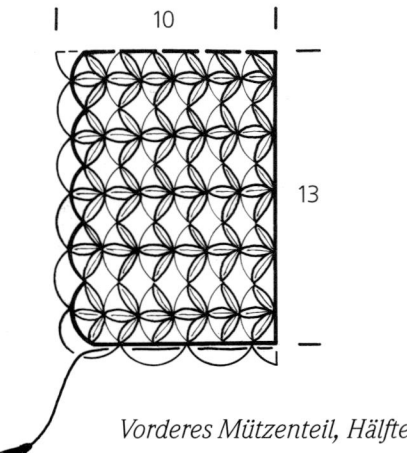

Vorderes Mützenteil, Hälfte

beginnen. In der 1. R von beiden Seiten in die Anschlag-Luft-M einstechen. In allen folgenden R ins volle M-Glied einstechen. Anschließend das **vordere Mützenteil** im Noppenmuster gleich anhäkeln. Nach 10 cm (13 R) dem unteren Rand eine Kante (1. R von Schema 2a) anhäkeln. Dabei in die Einstichpunkte des Noppenmusters einstechen. Den Rand vom hinteren Mützenteil einhalten.

Eine etwa 60 cm lange Luft-M-Schnur (siehe Zeichnung S. 16) aus doppelfädigem Garn häkeln. Diese zwischen den Einstichpunkten der unteren Kante durchziehen und an jedem Ende eine etwa 3 cm lange Quaste (siehe Zeichnung S. 16) befestigen.

Schühchen

Sohle: MA in der Mitte = 6 cm (15 Luft-M). In spiralförmigen Rd im dichten Muster häkeln. In der 1. Rd von beiden Seiten in die Anschlag-Luft-M einstechen. In allen folgenden Rd ins volle M-Glied einstechen. Zur Bildung der Schnittform an den Schmalseiten M zun. Dafür in der 1. Rd 1 x 3 feste M in einen Einstichpunkt häkeln, in der

2. und 3. Rd 2 x 2 feste M in einen Einstichpunkt häkeln, in der 4., 5., 6. und 7. Rd 3 x 2 feste M in einen Einstichpunkt häkeln.

Oberes Schuhteil: MA = 26 cm (65 Luft-M). Mit einer Luft-M-Kette beginnen. Die Luft-M-Kette mit einer Ketten-M zur Rd. schließen. Im dichten Muster häkeln. In der 1. Rd in die Anschlag-Luft-M, in allen folgenden Rd ins volle M-Glied einstechen. Nach 3 cm (7 Rd) über 15 cm (37 M) in R im Noppenmuster 4 cm (5 R) häkeln. Dabei in der 1. R in jede 3. feste M einstechen.

Mittleres Schuhteil: MA = 5 cm (12 Luft-M + 1 Wende-Luft-M). Mit einer Luft-M-Kette beginnen. Im dichten Muster häkeln. In der 1. R in die Anschlag-Luft-M, in allen folgenden R

Sohle

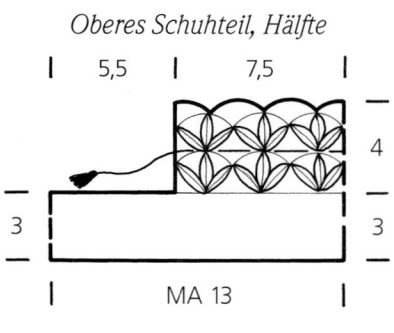

Oberes Schuhteil, Hälfte

Mittleres Schuhteil

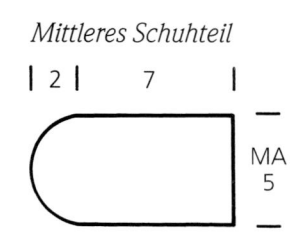

ins volle M-Glied einstechen. Nach 7 cm (18 R) beidseitig 3 x in jeder 2. R 1 M abn. Dafür am Anfang der R eine M übergehen, am Ende der R eine M stehenlassen.

Die Sohle und das mittlere Schuhteil dem oberen Schuhteil von rechts mit festen M anhäkeln. Zwei etwa 50 cm lange Luft-M-Ketten aus doppelfädigem Garn häkeln und jeweils der 3. R des Noppenmusters einziehen. An jedem Ende eine etwa 3 cm lange Quaste befestigen.

Zeichenerklärung:

• = 1 Luft-M

+ = 1 feste M

⌒ = 1 Ketten-M

= entsprechend viele Stäbchen in einem Einstichpunkt

= 1 Noppe, 2 Luft-M, 1 Noppe, 2 Luft-M, 1 Noppe in einem Einstichpunkt, für 1 Noppe 3 x abw. 1 U bilden und 1 Schlinge holen, zuerst 6 M-Glieder, dann die letzten 2 M-Glieder mit je einem neuen U abmaschen.

Babygarnitur im Smokmuster

Größe 68

Material:
Schachenmayr „Timmi"
(50 % Polyacryl, 25 % Schurwolle,
25 % Viskose, Lauflänge: 100 g etwa
200 m), etwa 250 g hellblau
(Fb 4805) und 50 g weiß (Fb 4800),
Stricknadeln und ein Spiel Stricknadeln Nr. 2½, eine große Stopf-
nadel ohne Spitze.

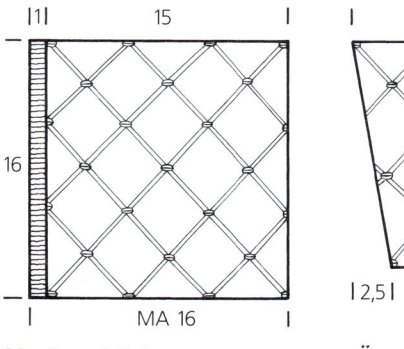
Vorderteil links

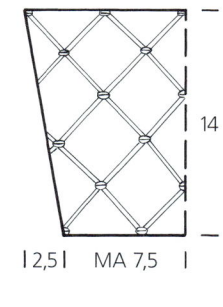
Ärmel, Hälfte

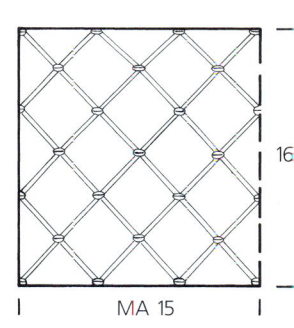
Rückenteil, Hälfte

Smokmuster: Strickschrift 3a. In der Breite ist ein Mustersatz gegeben, der zu wiederholen ist. Die 1. und 2. R wiederholen. In Rd stets wie 1. R str. Zuletzt die Smokarbeit ausführen. Dafür in jeder 10. R zwei Rechts-M-Rippen mit weißen Spannstichen zusammennähen (Schema 3b).
M-Probe: 45 M / 38 R = 10 cm.

Kraus gestr.: In allen R stets re M str.
M-Probe: 3 M = 1 cm / 38 R = 10 cm.

Rippenmuster: In R und Rd abw. 1 M li, 1 M re str.
M-Probe: 34 M / 38 R bzw. Rd = 10 cm.

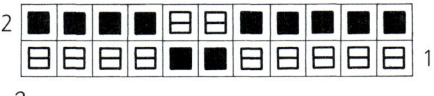

3a

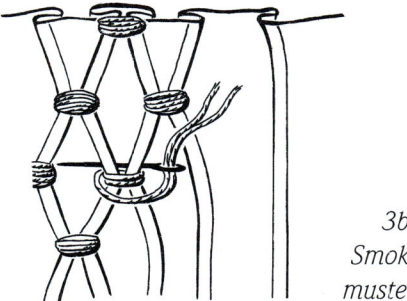

*3b:
Smok-
muster*

Jäckchen

Vorderteile: MA hellblau im Zusammenhang mit den vorderen Blenden = je 16 cm (70 M + 2 Knötchenrand-M, siehe Seite 6). Vom seitlichen Rand aus 15 cm (67 M) im Smokmuster und für die **vorderen Blenden** über 3 M kraus str. Nach 16 cm (60 R) die M auf der Nadel lassen.

Rückenteil: MA hellblau = 30 cm (133 M + 2 Knötchenrand-M). Im Smokmuster str. Nach 16 cm (60 R) die M auf der Nadel lassen.

Ärmel: MA hellblau = je 15 cm (67 M + 2 Knötchenrand-M). Im Smokmuster str.

Ärmelschrägungen: Beidseitig 5 x abw. 1 x in der 6. und 1 x in der 4. R

1 M zun. (je 10 M in 50 R). Nach 14 cm (50 R) die M der Ärmel mit den M der Vorderteile und des Rückenteils vereinigen, dabei die Rand-M abk.

Die Rundpasse über 449 M anstr. Für die Schnittform in der 1. R, 10. R und 20. R in jedem Mustersatz 2 x 2 Links-M li zusammenstr., in der 30. R 1 x 2 M li zusammenstr. Die Abnehmestellen liegen jeweils neben den re M. In der 39. R die Schnürlöcher arbeiten. Dafür in jedem Mustersatz abw. 1 U bilden, die 1. Rechts-M mit der davorliegenden Links-M re zusammenstr., die 2. Rechts-M mit der folgenden Links-M re verschränkt zusammenstr. In der 40. R alle M li, die U re str. In der 41. R alle M mustergemäß abk.

Die Nähte schließen. Die Smokarbeit mit weißen Spannstichen ausführen. In

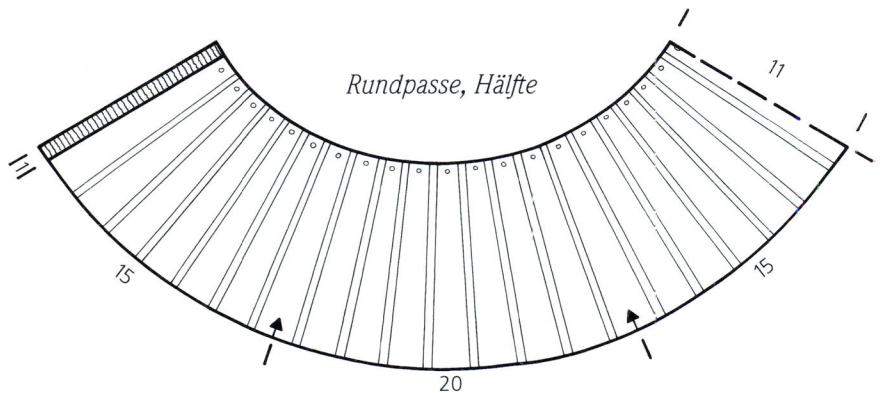
Rundpasse, Hälfte

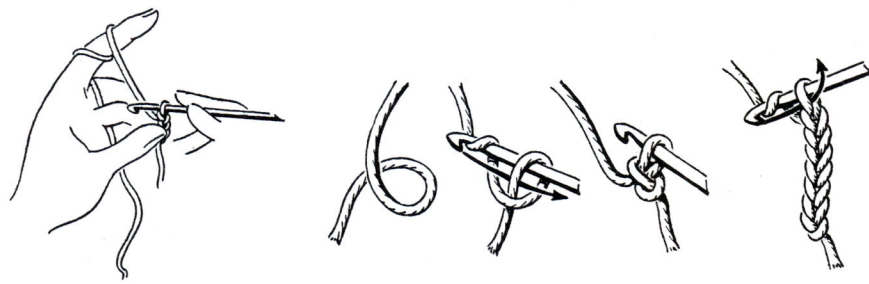

Luftmaschenschnur

die Schnürlöcher eine hellblaue, etwa 60 cm lange gehäkelte Luft-M-Kette (siehe Zeichnungen oben) einziehen. An jedem Ende einen hellblauen Pompon befestigen (siehe Zeichnungen unten).

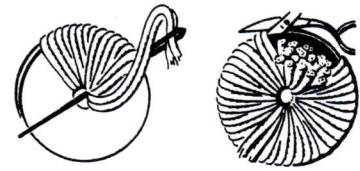

Pompon anfertigen

Mütze

Grundform: MA = 28 cm (132 M). Im Smokmuster str. Nach 8 cm (30 Rd) zur Bildung der Schnittform M abn. In der 31. Rd, 39. Rd und 47. Rd in jedem Mustersatz 2 x 2 li M li zusammenstr., in der 51. Rd 1 x 2 li M li zusammenstr. Die Abnehmestellen liegen jeweils neben den re M. In der 55. Rd abw. 2 li M li zusammenstr. und 2 re M re zusammenstr. Die letzten 24 M zusammenziehen. Die Smokarbeit mit weißen Spannstichen ausführen. Aus dem unteren Mützenrand von re 66 M herausholen und 3 Rd im Rippenmuster str. In der 4. Rd am hinteren Mützenrand 11 M locker abk., am vorderen Mützenrand 21 M locker abk.

Nur für die Ohrenklappen über je 17 M (einschließlich Rand-M) im Rippenmuster weiterstr. Nach weiteren 6 R zur Bildung der Schnittform beidseitig neben der Knötchenrand-M in jeder Hin-R 6 x 2 M li zusammenstr. In den Rück-R die zusammengestr. M re str. Die letzten 5 M abk. Jeder Ohrenklappe eine hellblaue, etwa 20 cm lange Luft-M-Kette (siehe Zeichnung) anhäkeln. An jedem Ende einen hellblauen Pompon (siehe Zeichnung) befestigen.

Handschuhe ohne Daumen

Grundform: MA hellblau = je 12 cm (40 M). Im Rippenmuster str. Nach 3 cm (12 Rd) für die Schnürlöcher abw. 1 M li, 1 M re, 1 U bilden, 2 M re

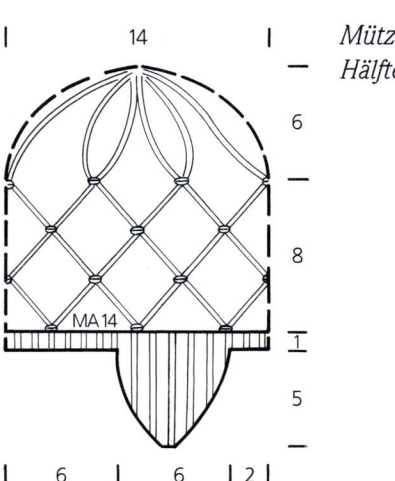

Mütze, Hälfte

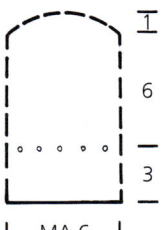

Handschuh, Hälfte

zusammenstr. In der folgenden Rd die U li str. Nach weiteren 6 cm (24 Rd) zur Bildung der Schnittform stets 1 li M und 1 re M re zusammenstr. Nach weiteren 2 Rd nochmal je 2 M re zusammenstr. Die letzten 10 M zusammenziehen. Zwei hellblaue, je 26 cm lange Luft-M-Ketten (siehe Zeichnung S. 20 oben) häkeln. An jedem Ende einen hellblauen Pompon (siehe Zeichnung S. 20 Mitte) befestigen.

Zeichenerklärung:

■ = 1 M re

⊟ = 1 M li

Zarte Farben – gestrickt, gestickt und uni

Garnitur im Zackenmuster

Größe 68

Material:
Schachenmayr „Timmi"
(50 % Polyacryl, 25 % Schurwolle,
25 % Viskose, Lauflänge: 50 g etwa
200 m), etwa 200 g hellgrün, (Fb
4807) sowie je 100 g rosa (Fb 4801)
und weiß (Fb 4800), Stricknadeln,
1 Spiel Stricknadeln und 1 Rundstricknadel Nr. 2 und 2½.

Rippenmuster (Nadeln Nr. 2): In R
und Rd abw. 2 M re, 2 M li str.
M-Probe: 32 M, unausgedehnt gemes-
sen 38 M = 10 cm.

Außen re (Nadeln Nr. 2½): In den
Hin-R re M, in den Rück-R li M str. In
Rd stets re M str.
M-Probe: 33 M / 46 R bzw. Rd =
10 cm.

Zackenmuster (Nadeln Nr. 2½):
Nach dem Zählmuster 4a außen re str.
In den zweifarbigen R bzw. Rd den
nichtgebrauchten Faden auf der
Musterrückseite lose weiterführen. Bei
Flottungen über mehr als 5 M den
nichtgebrauchten Faden auf der Rück-
seite einbinden (siehe Zeichnungen).
Den Mustersatz in Breite und Höhe
wiederholen.
M-Probe: 33 M / 40 R bzw. Rd =
10 cm.

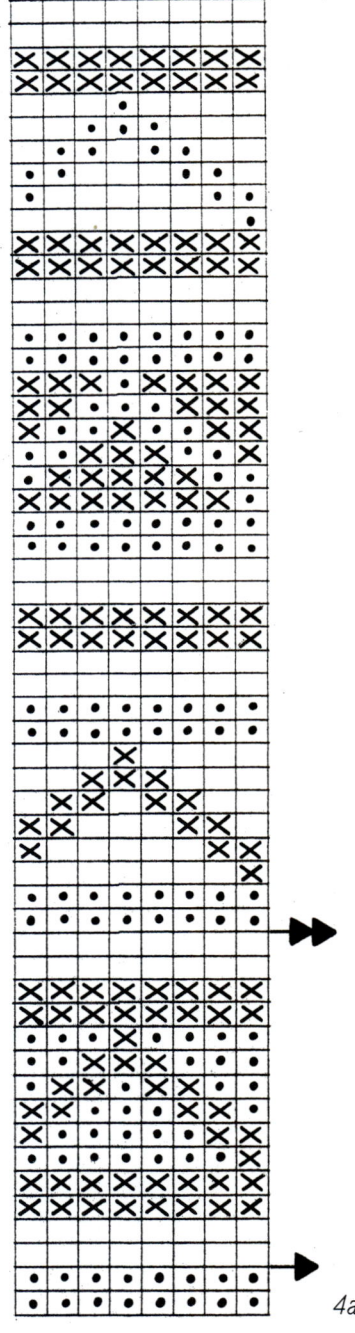

4a

Zeichenerklärung:

☐ = 1 weiße M außen re

⊡ = 1 rosa M außen re

☒ = 1 hellgrüne M außen re

Jäckchen

Jackenteil: MA hellgrün am rechten
Ärmelbündchen 12 cm (38 M). Im Rippenmuster 1,5 cm (6 R) str. Im Zackenmuster weiterarbeiten. In der 1. R an
18 gleichmäßig verteilten Stellen 1 M
re verschränkt aus dem Verbindungsfaden herausstr. (siehe Zeichnung).

Ärmelschrägungen: 18 x in jeder 3.
R 1 M zun., noch 4 R geradestr. Für das
Vorder- und Rückenteil nach 15 cm
vom Ärmelbündchen an (nach 58 R des
Zackenmusters) beidseitig je 46 weiße
M (je 14 cm) dazu anschlagen (siehe
Zeichnung, Seite 6). Über alle M im
Zackenmuster 9 cm (36 R) weiterarbei-
ten.

Halsausschnitt: 10 M abk., für den
vorderen Ausschnitt 1 x 3 M, 1 x 2 M
und 1 x 1 M abn., noch 8 R geradestr.,
für den hinteren Ausschnitt 1 x 2 M,
1 x 1 M abn. und noch 10 R geradestr.
Nach 111 R (28 cm) im Zackenmuster
die M des Rückenteils auf der Nadel
lassen. Die rechte **Schlußblende** dem
Vorderteil hellgrün im Rippenmuster
gleich anstr.: 6 R (1,5 cm). In der 1. R
des Rippenmusters am rechten Rand
6 M dazu anschlagen. (Die rechte
Schlußblende ist 1,5 cm länger als das
Vorderteil und wird zuletzt am unteren Bund angenäht.) Die Blenden-M
mustergemäß abk.

Für das linke **Vorderteil** hellgrün eben-
soviel M wieder anschlagen und im Rip-

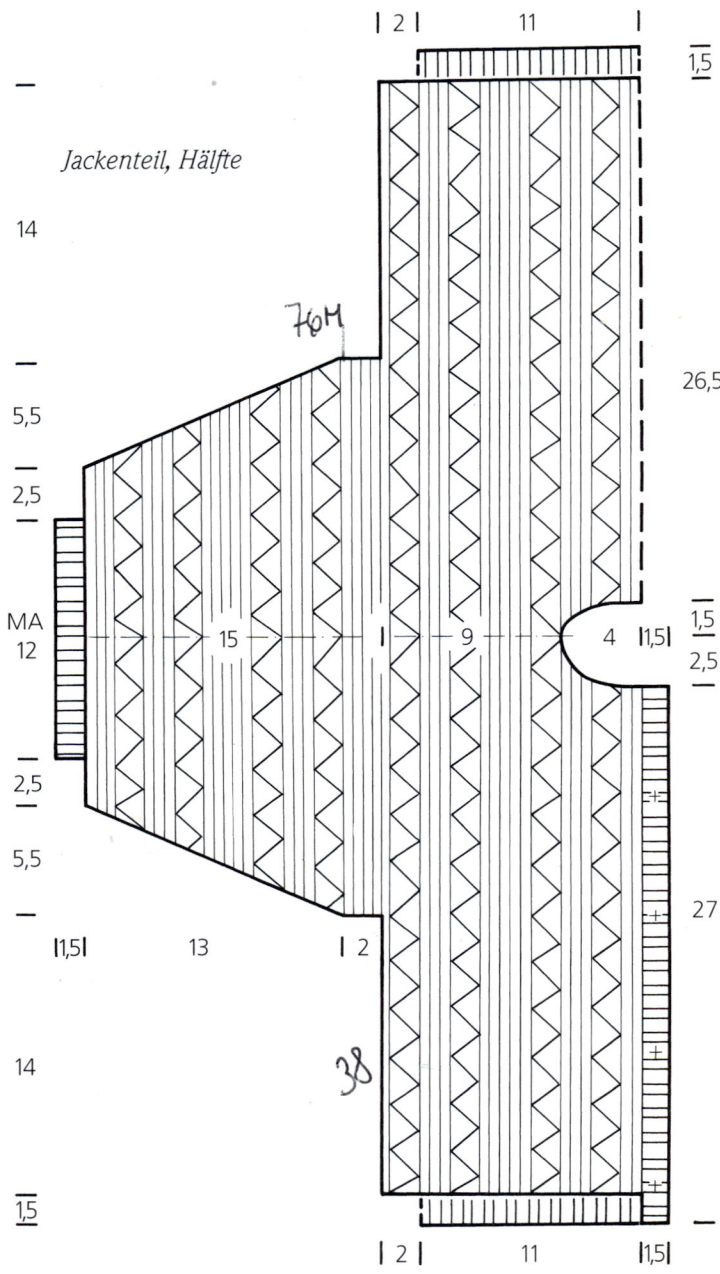

Jackenteil, Hälfte

Halsbündchen: MA hellgrün = 22 cm (70 M) und **unterer Bund** (MA hellgrün = 44 cm (142 M). Im Rippenmuster 1,5 cm (6 R) str. Am Halsbündchen noch 1 Knopfloch (siehe Zeichnung Seite 6) einarbeiten. Die M auf 1 Faden ziehen und beim Zusammennähen dem Ausschnitt und dem unteren Jäckchenrand mit Steppstichen aufnähen (siehe Zeichnung Seite 6). Die überstehenden 6 M der Schlußblenden am unteren Bund annähen.

Mütze

Grundform: MA hellgrün an den Ohrenteilen je 8 M (6 M + 2 Rand-M). Kettenränder arbeiten (siehe Zeichnung, Seite 6). 2 R außen re str. Dann

penmuster 1,5 cm (6 R) str. Schnittgemäß 4 Knopflöcher (siehe Zeichnung, Seite 6) einarbeiten. Am rechten Rand 6 M abk. und im Zackenmuster die Jackenhälfte anstr. Bei dem Pfeil im Zählmuster beginnen. Für den **vorderen Ausschnitt** entsprechend M zun. Die M auf den Nadeln lassen und das **Rückenteil** fortlaufend im Zacken-

muster weiterstr. Für den hinteren **Ausschnitt** 12 R geradestr. und entsprechend M zun. Die M des Vorder- und Rückenteils nach beendetem Halsausschnitt vereinigen und über alle M im Zackenmuster weiterstr.
Die seitlichen **Ränder** und den **Ärmel** entsprechend der ersten Jackenhälfte arbeiten.

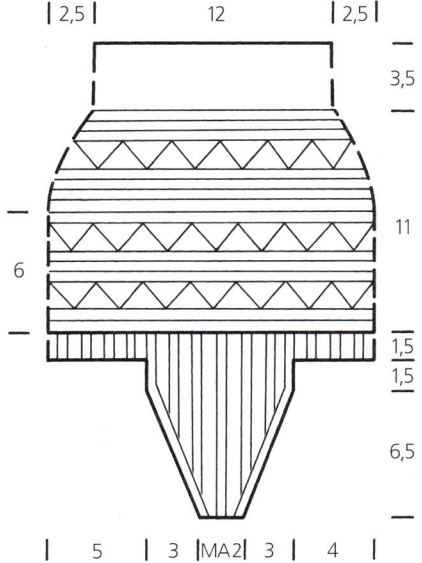

Mütze, Hälfte

im Rippenmuster str. In die Mitte treffen 2 re M. Zur Bildung der Schnittform 10 x am Anfang jeder Hin-R nach der Rand-M und 2 außen re M sowie am Ende jeder Hin-R vor 2 außen re M und der Rand-M 1 M mustergemäß re verschränkt bzw. li aus dem Verbindungsfaden herausstr. (siehe Zeichnungen S. 6). Noch 6 R geradestr. Zwischen den Ohrenteilen 32 M und 24 M anschl. und 6 Rd im Rippenmuster str., 44 Rd (11 cm) im Zackenmuster (beim Pfeil im Zählmuster beginnen) und 14 Rd (3,5 cm) hellgrün außen re. Zur Bildung der Schnittform in der 27., 29., 41. und 43. Rd des Zackenmusters an je 8 gleichmäßig verteilten Stellen 2 M re zusammenstr. (siehe Zeichnung). Die

Schnur drehen

letzten 80 M zusammenziehen. An den Ohrenteilen je eine etwa 30 cm lange Schnur aus vierfachem hellgrünen Garn (siehe Zeichnung) annähen. In der Mützenmitte 1 Pompon (ø ca. 6 cm) aus hellgrünem, weißem und rosa Garn befestigen (siehe Zeichnung).

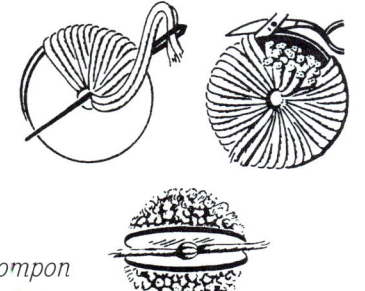

Pompon anfertigen

Hose

Hosenteile: MA hellgrün an den unteren Beinrändern = je 15 cm (48 M). Im Rippenmuster 3 cm (12 R) str. Im Zackenmuster weiterarbeiten (von Pfeil bis Doppelpfeil des Zählmusters). Für die größere Schnittbreite und das andere Muster in der letzten Rippenmuster-R stets nach jeder M 1 M re verschränkt aus dem Verbindungsfaden herausstr (siehe Zeichnung S. 24). Anschließend hellgrün außen re str.

Seitl. Schrägungen: Beidseitig 9 x in jeder 8. R 1 M zun. Nach 82 R (18 cm) für den Schritt in jeder 2. R 1 x 4 M, 2 x 2 M und 4 x 1 M abn. In der vorderen und hinteren Mitte (siehe Pfeil im Schnitt) die M vereinigen. Dabei die Rand-M abk. Noch 9 cm (42 Rd) geradestr. In der letzten Rd an 20 gleichmäßig verteilten Stellen 2 M re zusammenstr. und über 160 M 3 cm (12 Rd) im Rippenmuster arbeiten. Für die Ärmelschlitze die Arbeit teilen, je 4 M abk. und in R im Zackenmuster weiterarbeiten. (Beim Pfeil im Zählmuster beginnen.)

Vorderer Ausschnitt: Nach 6 cm (24 R) im Zackenmuster die mittleren 9 M abk., beidseitig in jeder 2. R. 2 x 3 M, 2 x 2 M, 1 x 1 M abn., 16 R geradestr.

Hinterer Ausschnitt: Nach 10 cm (40 R) im Zackenmuster die mittleren 18 M abk., beidseitig in jeder 2. R 2 x 2 M und 3 x 1 M abn., noch 4 R geradestr. Am Vorderteil nach 13 cm (56 R) die M in Schulterbreite abk., am Rückenteil die Untertritte 2 cm (6 R) rosa außen re anstr. **Vordere Ausschnittblende** 22 cm (70 M), **hintere Ausschnittblende** 18 cm (58 M) und die **Armausschnittblenden** je 30 cm (98 M) hellgrün 1,5 cm (6 R) im Rippenmuster str. Die M auf einen Faden ziehen und

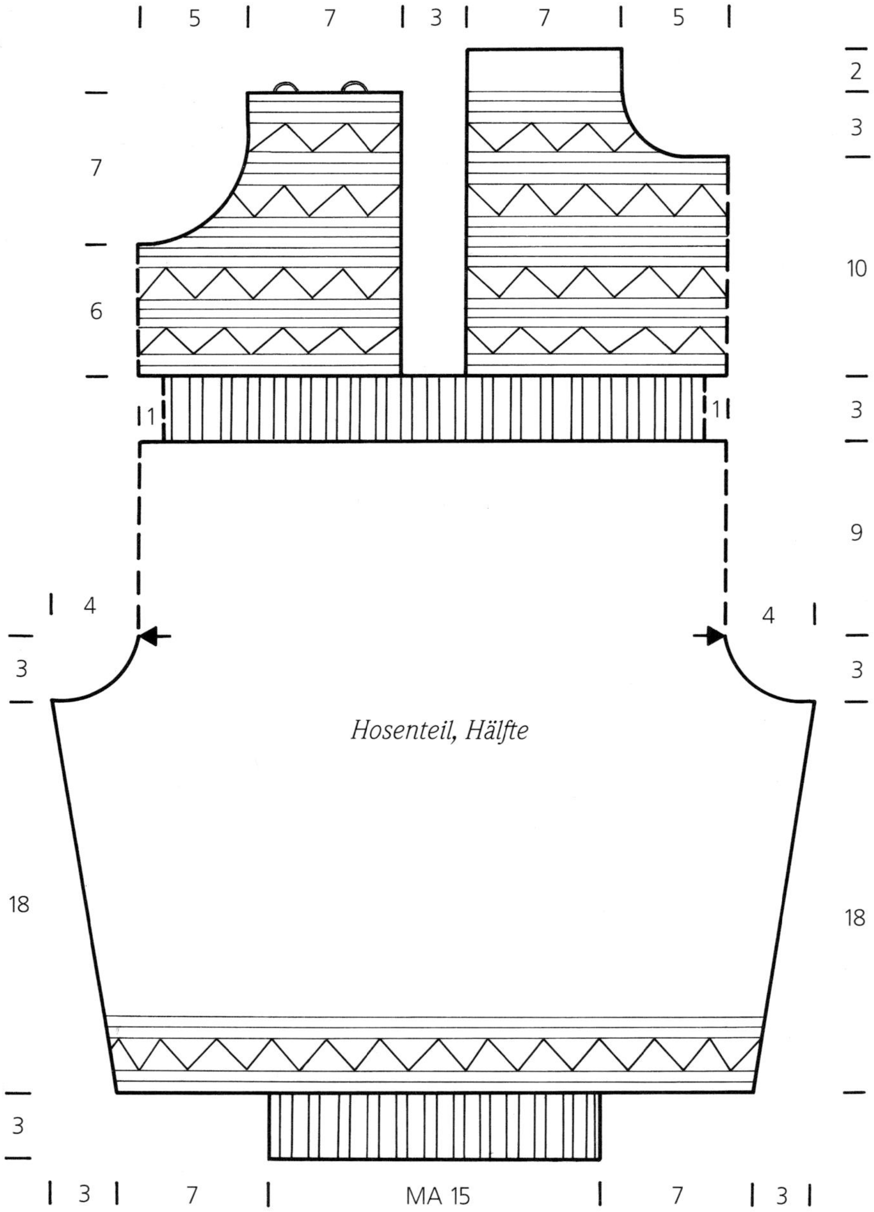

5	7	3	7	5

Hosenteil, Hälfte

7

6

1 1

4   4

3   3

18   18

3

3	7	MA 15	7	3

2
3

10

3

9

3
3

weiteren 8 Rd den Füßling anstr. Zunächst die M des Fußblattes auf der Nadel lassen (17 M) und die Ferse über 15 M 12 R hochstr. Dann die M in 3 Teile teilen und nur über die mittleren 5 M in R str. Für das Deckelchen am Ende jeder Hin-R die letzte der 5 Mittel-M mit der folgenden M überzogen zusammenstr., wenden, die zusammengestr. M mit vorgelegtem Faden abheben und zurückstr. Am Ende jeder Rück-R die letzte der 5 Mittel-M mit der folgenden M li zusammenstr., wenden, die zusammengestr. M mit hintergelegtem Faden abheben und zurückstr. Sind nach Fertigstellen des Deckelchens alle seitlichen M abgenommen, für die Zwickel jedes hintere M-Glied der Rand-M der Ferse aufnehmen (je 6 M) und wieder über alle M in Rd außen re arbeiten. Dabei die aufgenommenen M in der 1. Rd re verschränkt str. Zur Bildung der Zwickel 2 x in jeder Rd die 1. M des Fußblattes mit der folgenden M überzogen zusammenstr., so daß dann 30 M auf den Nadeln sind. Nach 4,5 cm (19 Rd) die Spitze rosa anarbeiten: 2 Rd ohne Abnehmen und 6 x in jeder 2. Rd beidseitig nebeneinander 2 M re zusammenstr., 2 M überzogen zusammenstr. Die letzten 6 M zusammenziehen. Je eine ca. 50 cm lange Schnur aus vierfachem hellgrünen Garn in die Schnürlöcher einziehen.

beim Zusammennähen den Ausschnitträndern mit hellgrünen Steppstichen aufsticken (siehe Zeichnung Seite 6). Den vorderen Schulterrändern je 4 Ösen anschürzen (siehe Zeichnung).

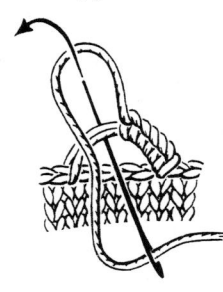

Strümpfchen

Grundform: MA hellgrün je 10 cm (32 M). Im Rippenmuster 1,5 cm (6 Rd) str. In der 3. Rd. jeweils die beiden li M li zusammenstr. und 1 U bilden. In der 4. Rd die U li verschränkt str. Im Zackenmuster weiterarbeiten (von Pfeil bis Doppelpfeil im Zählmuster). Dann hellgrün außen re weiterarbeiten. Nach

MA 5
1,5
5

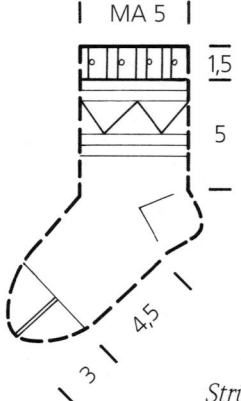

Strümpfchen, Hälfte

3   4,5

Pullover und Mütze

Größe 74

Material:
Schachenmayr „Timmi"
(50 % Polyacryl, 25 % Schurwolle,
25 % Viskose, Lauflänge: 50 g etwa
200 m), etwa 250 g hellgelb
(Fb 4808), Stricknadeln und 1 Spiel
Stricknadeln Nr. 2½.

Rippenmuster: In R und Rd abw. 1 M
li und 1 M re str.
M-Probe: 28 M = 10 cm.

Plastisches Muster: Zählmuster 5a.
In den nicht gezeigten Rück-R alle M
so str., wie sie erscheinen, die U re str.
Es ist die ganze Breite von Vorder- und
Rückenteil angegeben. Die 1. R zeigt
das Herausstr. nach dem Bund. In der
Höhe die R innerhalb der Pfeile wieder-
holen.
M-Probe: 30 M / 35 R = 10 cm.

Zopfmuster: Zählmuster 5b und 5c.
In den nicht gezeigten Rück-R bzw. Rd
alle M so str., wie sie erscheinen. Bei
Zählmuster 5b ist die ganze Ärmelbreite

angegeben. Bei Zählmuster 5c ist in
der Breite ein ganzer Mustersatz aufge-
zeigt, der zu wiederholen ist. In der

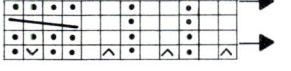

5c

Höhe die R innerhalb der Pfeile wiederholen. Die 1. R zeigt das Herausstr.
nach dem Bund.
M-Probe: 38 M / 35 R bzw. Rd =
10 cm.

Pullover

Vorder- und Rückenteil: MA = je
28 cm (79 M + 2 Rand-M). Im Rippenmuster 2 cm (8 R) str. Anschließend im
plastischen Muster weiterstr.

Vorderer Halsausschnitt an der unteren Linie nach 25 cm (86 R) ab Bund:
Die mittleren 17 M abk., beidseitig in
jeder 2. R 1 x 4 M, 1 x 3 M und 2 x 1

5a
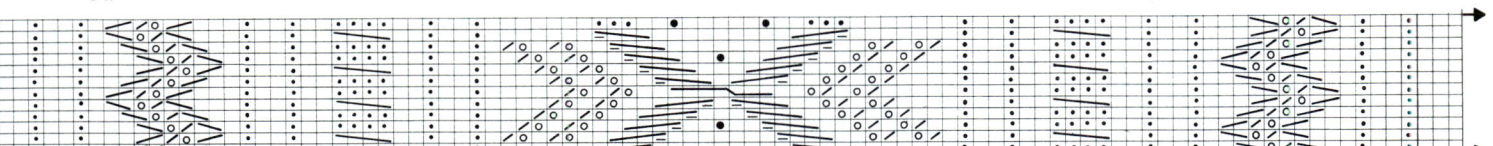

5b

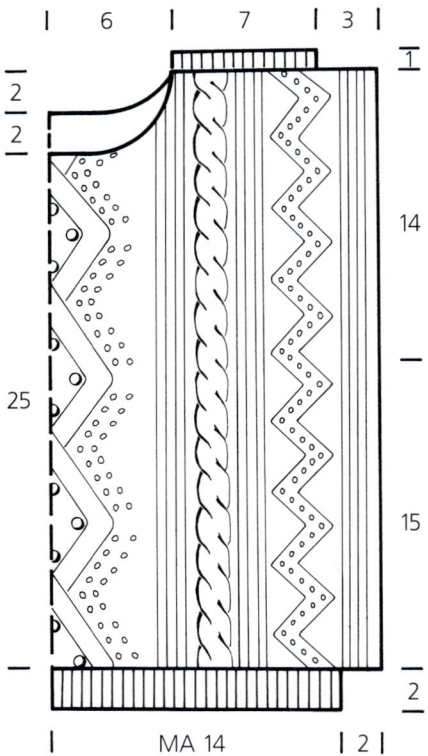

Vorder- und Rückenteil, Hälfte

M abn., noch 6 R geradestr. **Hinterer Halsausschnitt** nach 27 cm (94 R) ab Bund: Die mittleren 21 M abk., beidseitig in jeder 2. R 1 x 5 M und 2 x 1 M abn. Am Vorderteil nach insgesamt 29 cm (102 R) ab Bund die restlichen je 31 Schulter-M abk. Am Rückenteil nur

Ärmel, Hälfte

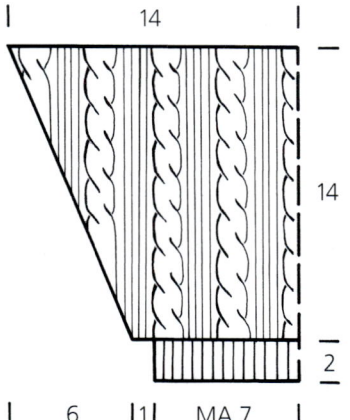

11 M abk. und über 7 cm (20 M) für den Untertritt noch 1 cm (4 R) im Rippenmuster str.

Ärmel: MA = je 14 cm (41 M + 2 Rand-M). Im Rippenmuster 2 cm (8 R) str. Anschließend im Zopfmuster nach Zählmuster 5b arbeiten.

Ärmelschrägungen: Beidseitig 24 x in jeder 2. R 1 M zun. (ist im Zählmuster angegeben). Nach 14 cm (50 R) ab Bündchen alle M abk.

Vordere und hintere Ausschnittblende: MA = je 14 cm (41 M + 2 Rand-M). Im Rippenmuster 2 cm (8 R) str. Die M je auf einen Faden ziehen.

Die Teile zusammennähen. Die M der Blenden dem Ausschnittrand mit Steppstichen aufnähen (siehe Zeichnung Seite 6). An jeder Schulter des Vorderteils 3 Ösen anschürzen (siehe Zeichnung) und entsprechend am Untertritt Knöpfe annähen.

Mütze

Grundform: MA = 28 cm (80 M). Im Rippenmuster 8 cm (30 Rd) str. Anschließend im Zopfmuster nach Zählmuster 5c weiterarbeiten. Nach weiteren 6 cm in der 23. Zopfmuster-Rd zur Bildung der Schnittform jeweils 2 li M li zusammenstr. Nach weiteren 4 cm in der 41. Zopfmuster-Rd die 4 re Zopf-M re verschränkt zusammenstr. Nach weiteren 2 cm in der 47. Zopfmuster-Rd die re M, li M und re M zwischen den

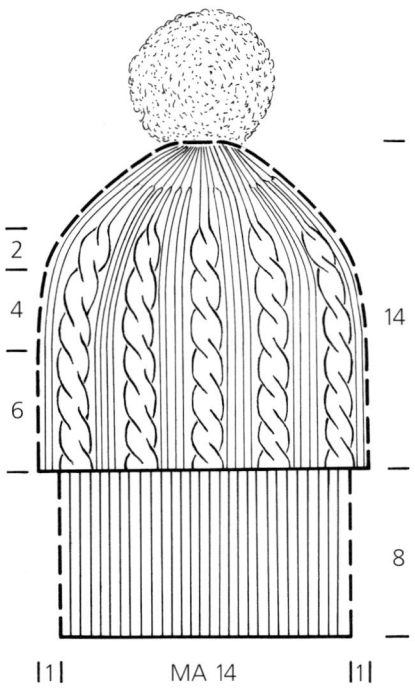

Mütze, Hälfte

Zöpfen re zusammenstricken. Nach insgesamt 14 cm in der 49. Zopfmuster-Rd je 2 M re zusammenstr. Die restlichen M zusammenziehen. Einen Pompon anfertigen (siehe Zeichnung) und der Mütze annähen. Den Mützenrand doppelt aufschlagen.

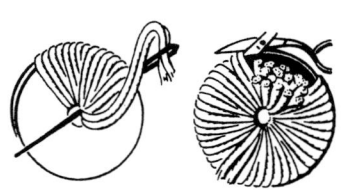

Pompon anfertigen

Zeichenerklärung:

▢ = 1 M li

⊡ = 1 M re

◭ = 1 M li ver-
schränkt aus
dem Verbin-
dungsfaden
herausstr.

☑ = 1 M re ver-
schränkt aus
dem Verbin-
dungsfaden
herausstr.

◫ = 1 U

◪ = 2 M li
zusammenstr.

⬤ = 1 Noppe:
Dafür 3 x abw.
1 Schlinge holen
und 1 U bilden,
zuletzt noch 1 Schlinge holen,
wenden, diese 7 M re str.,
nochmals wenden und die 7 M re
verschränkt zusammenstr.

= 2 M nach li
verkreuzen,
d. h. 1 M auf
eine Hilfsnadel
nach vorn nehmen, die folgende
M li str., dann die M von der Hilfsnadel re str.

= 2 M nach re
verkreuzen,
d. h. die 2. M
vor der 1. M re str.,
noch auf der li Nadel lassen, die
1. M li str., dann beide M von der
li Nadel gleiten lassen.

= 4 M nach
li verkreuzen,
d. h. 2 M auf eine
Hilfsnadel nach
vorn nehmen, 2 M re str., dann die
M von der Hilfsnadel re str.

= 4 M nach
li verkreuzen,
d. h. 3 M auf
eine Hilfsnadel
nach vorn nehmen, die folgende
M li str., dann die M von der Hilfsnadel re str.

= 4 M nach
re verkreuzen,
d. h. 1 M auf
eine Hilfsnadel
nach hinten nehmen, die folgenden
3 M re str., dann die M von der
Hilfsnadel li str.

= 7 M verkreuzen,
d. h. 3 M auf eine Hilfsnadel nach
vorn nehmen, die folgenden 3 M
re str., die 4. M li str., dann die M
von der
Hilfsnadel
re str.

Pullover und Söckchen mit aufgestickten Rosen

Größe 80–86

Material:
KKK „Club" (100 % Mako-Baum-wolle, Lauflänge: 50 g etwa 156 m), etwa 250 g weiß (Fb 21) und je 50 g orange (Fb 26), zyklam (Fb 25) und olivgrün (Fb 78), Stricknadeln und ein Spiel Stricknadeln Nr. 2½.

Rippenmuster: Abw. 1 M re, 1 M li str.
M-Probe: 30 M = 10 cm.

Außen re: In den Hin-R re M, in den Rück-R li M str., in Rd stets re M str.
M-Probe: 30 M / 40 R = 10 cm.

Ajourmuster: Nach den Zählmustern 6a und 6b jeweils die R innerhalb der Pfeile str.
M-Probe: 30 M / 40 R = 10 cm.

Pullover

Vorder- und Rückenteil: MA weiß = je 30 cm (89 M). In Rippenmuster 3 cm (12 R) str. Dann nach dem Zählmuster 6a weiterarbeiten. In der 1. R nach jeder 4. M 1 M re verschränkt aus dem Verbindungsfaden herausstr. (siehe Zeichnung Seite 6). Das Zählmuster zeigt das ganze Vorder- und Rückenteil mit den Abnehmestellen am vorderen und hinteren Halsausschnitt. Für die

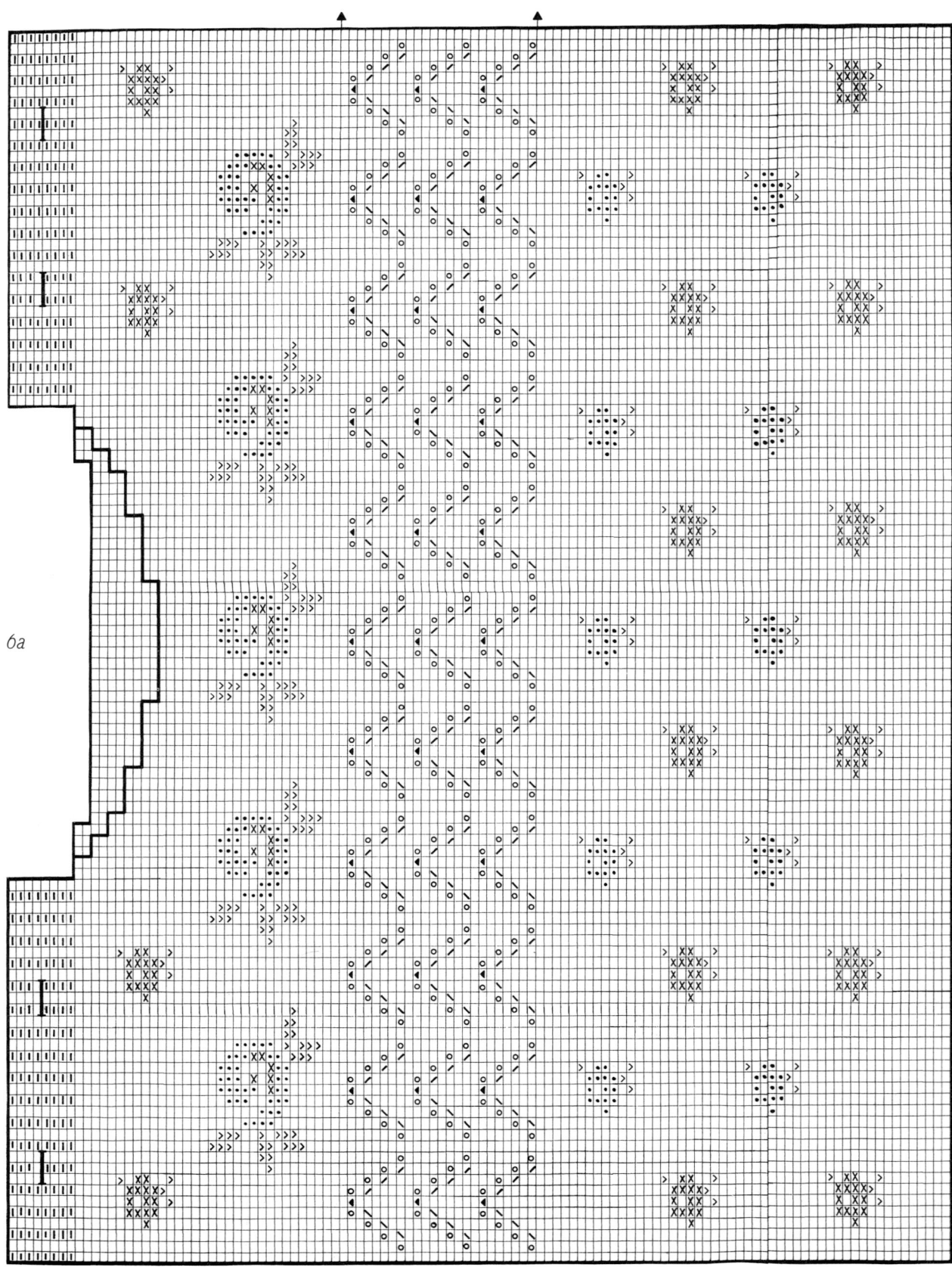

6a

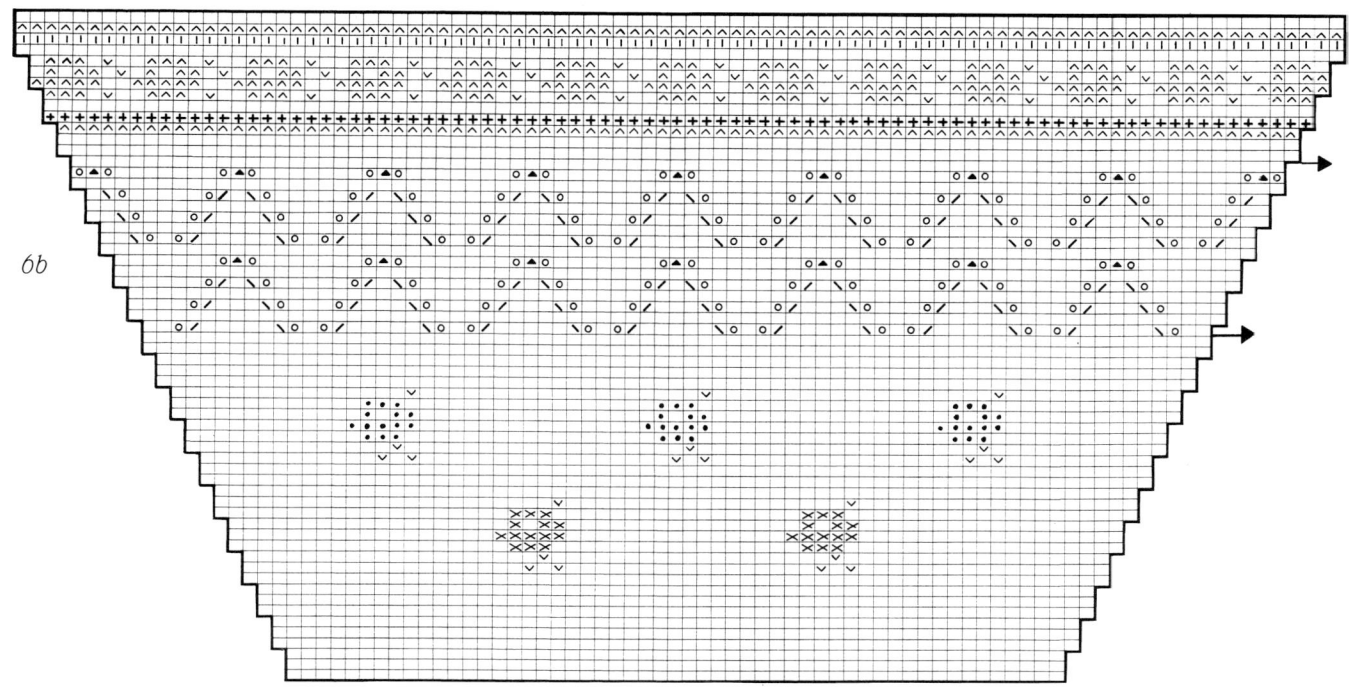

6b

Schulterblenden die letzten 8 R im Rippenmuster str. An den vorderen Schulterblenden in der 5. R je 2 Knopflöcher einarbeiten (siehe Markierung im Zählmuster 6a und Zeichnung Seite 6).

Ärmel: MA weiß = je 12 cm (35 M). Im Rippenmuster 3 cm (12 R) str. Dann nach dem Zählmuster 6b weiterarbeiten. In der 1. R nach jeder 2. M 1 M re verschränkt aus dem Verbindungsfaden herausstr. (53 M). Die Zunehmestellen für die **Ärmelschrägungen** sind im Zählmuster angegeben. Am oberen Rand für die Musterkante in den zweifarbigen R mit 2 Farbfäden str., den nicht gebrauchten Faden auf der Musterrückseite lose weiterführen.

Vordere Ausschnittblende: MA weiß = 22 cm (65 M), **hintere Ausschnittblende:** MA weiß = 17 cm (51 M). Im Rippenmuster 2 cm (8 R) str. Der vorderen Ausschnittblende beidseitig 1 cm vom Rand entfernt ein Knopfloch einarbeiten. Die M auf Fäden ziehen.

Die Röschen aufsticken (siehe Zeichnung) und die Teile zusammennähen. Die M der Blenden mit Steppstichen aufnähen.

Vorder- und Rückenteil, Hälfte

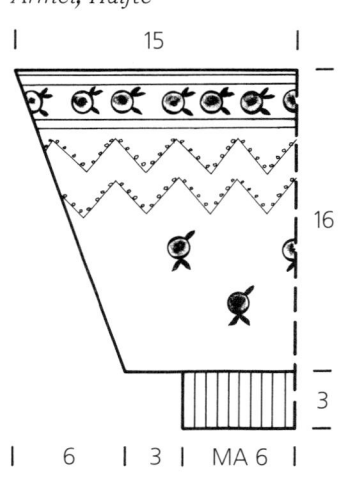

Ärmel, Hälfte

Söckchen

Grundform: MA weiß am oberen Rand = je 14 cm (40 M). In Rd nach dem Zählmuster 6c str. Nach 38 Rd für

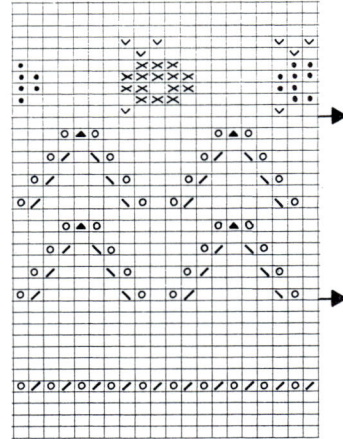

6c

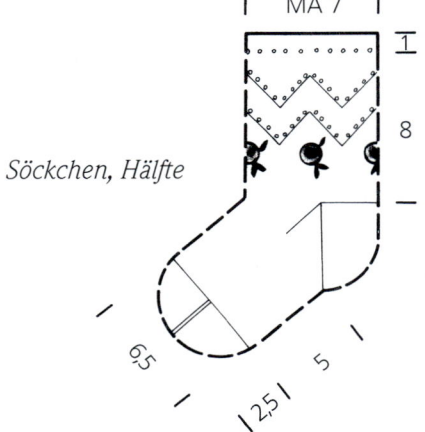

Söckchen, Hälfte

Fußblattes in Rd außen re weiterstr. Zur Bildung der Zwickel dreimal in jeder 2. Rd die letzte M des Fußblattes mit der 1. M. der Sohle überzogen zusammenstr. (1 M wie zum Rechtsstr. abheben, 1 M re str. und die abgehobene M darüberziehen), die letzte M der Sohle mit der 1. M des Fußblattes re zusammenstr., so daß noch 40 M auf den Nadeln sind. Nach weiteren 5 cm

die Ferse über 20 M in R außen re str. (siehe Zeichnung, Seite 6). Nach 20 R die M der Ferse in drei Teile teilen und nur über die mittleren 6 M arbeiten. Für das Deckelchen am Ende jeder Hin-R die letzte der 6 Mittel-M mit der folgenden M überzogen zusammenstr., wenden und die 1. M mit vorgelegtem Faden abheben. Am Ende jeder Rück-R die letzte der 6 Mittel-M mit der folgenden M li zusammenstr., wenden und die erste M mit hintergelegtem Faden abheben. Sind alle seitlichen M zusammengestr., aus den Rand-M der Ferse von rechts je 10 M herausholen. Die herausgeholten M in der 1. Rd rechts verschränkt abstr. Über diese M die 6 M des Deckelchens und die 20 M des

(20 Rd) zur Bildung der Spitze beidseitig viermal in jeder 2. Rd und viermal in jeder Rd nebeneinander 2 M re zusammenstr. und 2 M überzogen zusammenstr. Die letzten 8 M zusammenziehen.

Röschen aufsticken, den oberen Rand 1 cm breit nach links umschlagen, annähen und Gummiband einziehen.

Zeichenerklärung:

☐ = 1 weiße M außen re

⊟ = 1 weiße M außen li

⌃ = 1 zyklamfarbene M außen re

⊞ = 1 olivgrüne M außen re

⊡ = 1 orangefarbene M außen re

⊙ = 1 U bilden

◪ = 2 M re zusammenstr.

◩ = 2 M überzogen zusammenstr.: 1 M wie zum Rechtsstr. abheben, 1 M re str. und die abgehobene M darüberziehen

▲ = 3 M zusammenstr.: 2 M wie zum Rechtsstr. abheben, 1 M re str. und die abgehobenen M darüberziehen

⊠ = 1 zyklamfarbener Strickstich

⊡ = 1 orangefarbener Strickstich

☑ = 1 olivgrüner Strickstich

Zünftig für kleine Matrosen

Zopfpullover und Mütze

Größe 80

Material:
Schachenmayr „Tommi" (50 % Polyacryl, 25 % Schurwolle, 25 % Viskose, Lauflänge: 50 g etwa 200 m),
etwa 250 g weiß-türkis bedruckt
(Fb 4841) und „Timmi" (50 % Polyacryl, 25 % Schurwolle, 25 % Viskose, Lauflänge: 50 g etwa 200 m),
etwa 50 g türkis (Fb 4806), Stricknadeln und 1 Rundstricknadel Nr. 3.

Rippenmuster: Abw. 2 M re, 2 M
li str.
M-Probe: 38 M = 10 cm.

Außen re: In den Hin-R re M, in den
Rück-R li M str. In Rd stets re M str.

Außen li: In den Hin-R li M, in den
Rück-R re M str.
M-Probe (beide Muster): 27 M / 40 R
bzw. Rd = 10 cm.

Zopfmuster: In R und Rd nach dem
Zählmuster 7a arbeiten. In den nichtangegebenen R bzw. Rd die M str., wie sie
erscheinen. Die 1. R zeigt den Übergang vom Rippenmuster zum Zopfmuster. In der Breite ist das ganze Muster
angegeben, in der Höhe den Mustersatz
bzw. die Mustersätze wiederholen.
M-Probe: 38 M / 40 R bzw. Rd =
10 cm.

Pullover

Vorder- und Rückenteil: MA weiß-
türkis = je 29 cm (110 M). Im Rippenmuster 3 cm (12 R) str.: 2 R weiß-
türkis, 1 R türkis nur re M, 1 R türkis
im Rippenmuster, 1 R weiß-türkis nur
re M und 7 R weiß-türkis im Rippenmuster. Anschließend vom seitlichen
Rand aus 7 cm (20 M) außen li, 21 cm
(80 M) im Zopfmuster und 7 cm
(20 M) außen li str.

Vorder- und Rückenteil, Hälfte

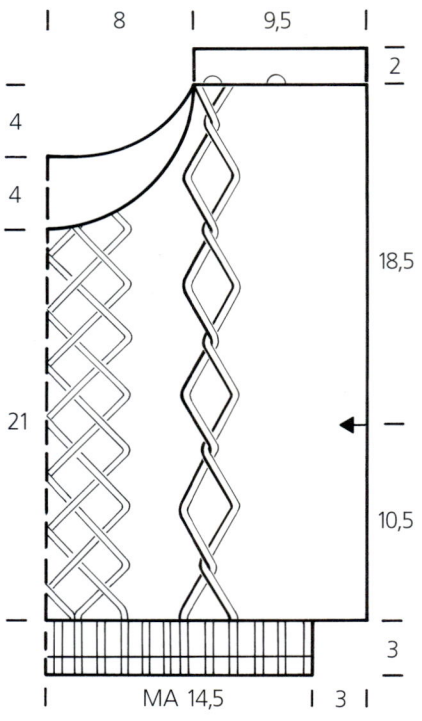

7a

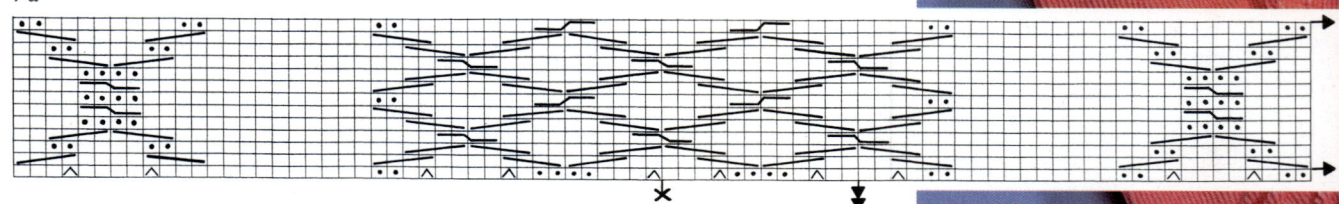

Vorderer Ausschnitt: Nach 21 cm (84 R) die mittleren 22 M abk., beidseitig in jeder 2. R 4 x 3 M, 2 x 2 M und 2 x 1 M abn., 16 R geradestr.

Hinterer Ausschnitt: Nach 25 cm (98 R) die mittleren 48 M abk., beidseitig in jeder 2. R 1 x 3 M und 2 x 1 M abn., 10 R geradestr. Nach 29 cm (116 R vom Bund an) am Vorderteil die M in Schulterbreite abk. Am Rückenteil die Untertritte außen li 2 cm hoch gleich anstr.

Ärmel: MA weiß-türkis je 23 cm (86 M). Vom seitlichen Rand aus 1 cm (3 M) außen li, 21 cm (80 M) im Zopfmuster und 1 cm (3 M) außen li str. Ärmelschrägungen: Beidseitig 17 x in jeder 5. R 1 M zun. Nach 21,5 cm (86 R) die M abk.

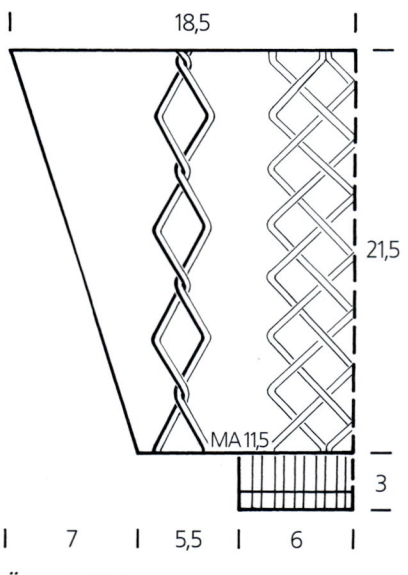

Ärmel, Hälfte

Vordere Ausschnittblende 19 cm (70 M), **hintere Ausschnittblende** 16 cm (62 M) und die **Ärmelblenden** je 12 cm (46 M) im Rippenmuster str.: 2 R weiß-türkis, 1 R türkis nur re M, 2 R türkis im Rippenmuster, 1 R weiß-türkis nur re M und 7 R weiß-türkis

im Rippenmuster. Die M auf 1 Faden ziehen und beim Zusammennähen dem Ausschnitt bzw. den eingereihten unteren Ärmelrändern mit Steppstichen aufnähen (siehe Zeichnung, Seite 6). Am Vorderteil für die Schultern je 2 Ösen und an den Blenden je 1 Öse anschürzen (s. Zeichnung), am Rückenteil auf den Untertritten je 3 Knöpfe annähen.

Mütze

Grundform: MA türkis = 47 cm (127 M). Außen re 5 cm (20 Rd) str. In der letzten Rd nach jeder 3. M 1 M re verschränkt aus dem Verbindungsfaden herausstr. (168 M). Dann weiß-türkis im Zopfmuster str. Dafür nur die M zwischen Doppelpfeil und Kreuz wiederholen. Mit der 3. Muster-R beginnen. Nach 8 cm (30 Rd) in jedem Mustersatz nebeneinander die ersten beiden Rechts-M re zusammenstr., die anderen beiden Rechts-M überzogen zusammenstr. und 8 M li. Dann 2 x nach je 2 cm (8 Rd) in jedem Mustersatz 2 x 2 M li zusammenstr. Die Abnehmestellen treffen neben die re M. Nach weiteren 8 Rd in jedem Mustersatz 2 M li zusammenstr., 1 Doppelumschlag bilden, 2 M li zusammenstr. In der folgenden Rd in jedem Links-M-Streifen 1 M li, den 1. Umschlag li, den 2. Umschlag li verschränkt und 1 M li str. Noch 2 cm abw. 2 M re, 4 M li str. und dann die M abk. Eine etwa 50 cm lange türkisfarbene Kordel aus vierfachem Wollgarn

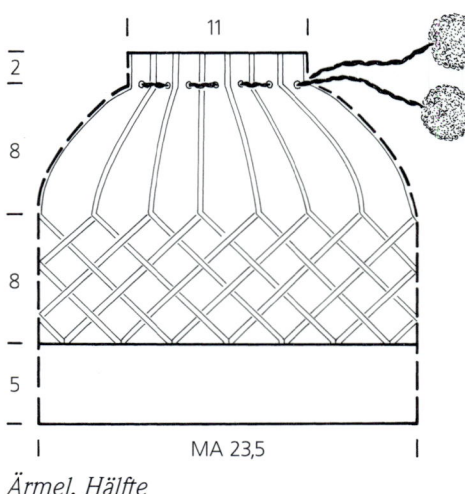

Ärmel, Hälfte

drehen (siehe Zeichnung) und in die Lochreihe einziehen. An den Enden jeweils einen kleinen türkisfarbenen Pompon (ø etwa 3 cm) annähen (siehe Zeichnung).

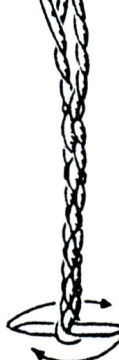

Schnur drehen

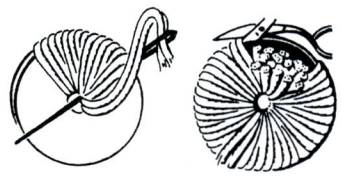

Pompon anfertigen

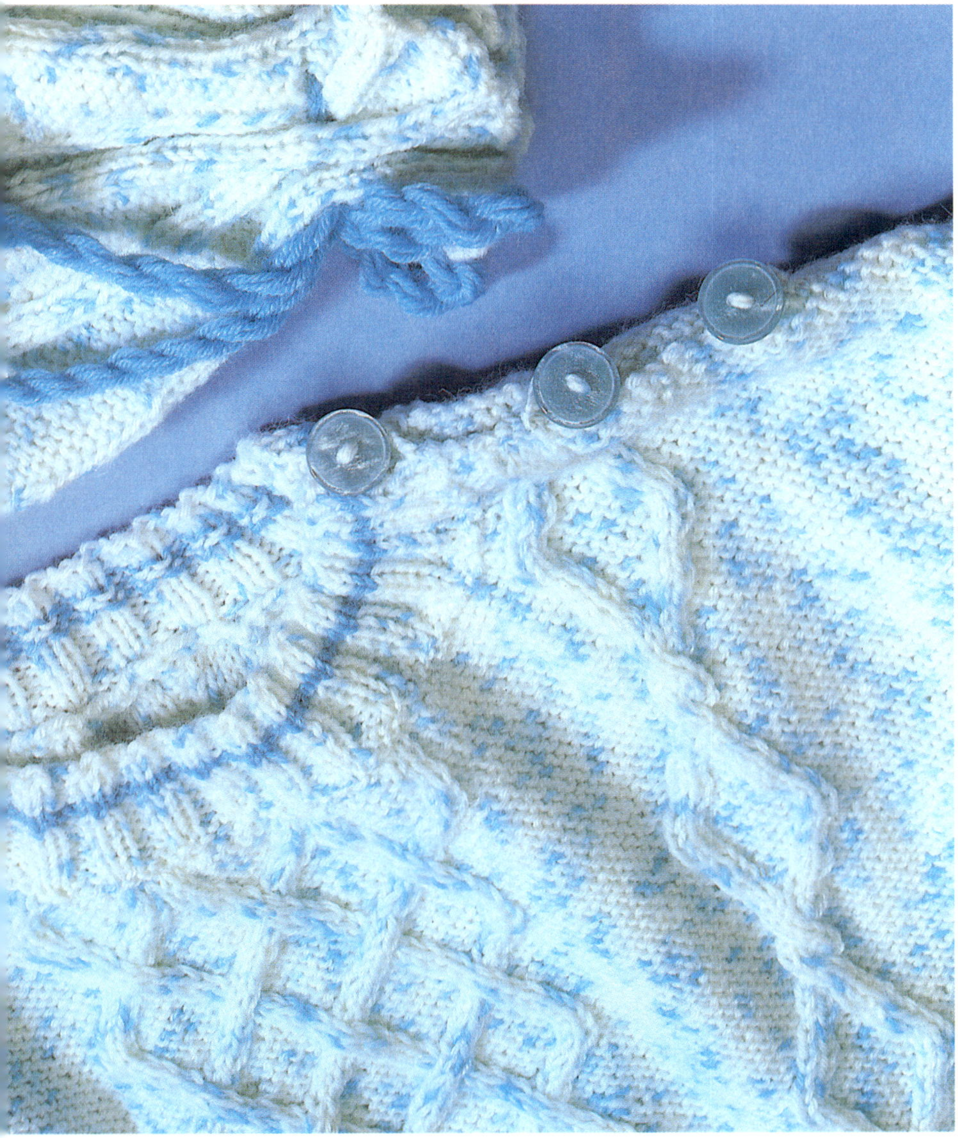

Zeichenerklärung:

☐ = 1 M li

⊡ = 1 M re

◭ = 1 M li verschränkt aus dem Verbindungs- faden herausstr.

= 4 M nach li verkreu- zen, d.h. 2 re M auf eine Hilfsnadel nach vorn nehmen, 2 M li str., dann die M von der Hilfsnadel re str.

= 4 M nach re verkreu- zen, d.h. 2 li M auf eine Hilfsnadel nach hinten nehmen, 2 M re str., dann die M von der Hilfsnadel li str.

= 4 M nach li verkreu- zen, d.h. 2 re M auf eine Hilfsnadel nach vorn nehmen, 2 M re str., dann die M von der Hilfsnadel re str.

= 4 M nach re verkreu- zen, d.h. 2 re M auf eine Hilfsnadel nach hinten nehmen, 2 M re str., dann die M von der Hilfsnadel re str.

Pullover, Hose, Baskenmütze und Socken im Jacquardmuster

Größe 86–92

Außen re: In den Hin-R re M, in den Rück-R li M, in Rd stets re M str. M-Probe: 30 M / 40 R bzw. Rd = 10 cm.

Jacquardmuster: Zählmuster 8a. Außen re mit 2 Farbfäden str., den nichtgebrauchten Farbfaden auf der Musterrückseite lose weiterführen. Bei Flottungen über mehr als 5 M den nichtgebrauchten Faden auf der Rückseite einbinden (siehe Zeichnung). den Mustersatz in Breite und Höhe wiederholen. M-Probe 30 M / 36 R = 10 cm.

Ringelmuster: Außen re abw. je 2 R bzw. Rd gelb, türkis, weiß und blau str. M-Probe: 30 M / 40 R bzw. Rd = 10 cm.

Geringeltes Rippenmuster: In Rd abw. 1 M re, 1 M li str. Dabei abw. je 2 Rd blau, gelb, türkis und weiß arbeiten. M-Probe: 32 M = 10 cm.

Zeichenerklärung:
☐ = 1 weiße M außen re
☒ = 1 blaue M außen re
⊡ = 1 gelbe M außen re
⧄ = 1 türkisfarbene M außen re

Rippenmuster: Abw. 2 M re, 2 M li str. M-Probe: 30 M = 10 cm.

Zackenrand (Saum an Pullover und Hose): Strickschrift 8 b. Die 3. bis 6. R wie 1. und 2. R str. M-Probe 30 M = 10 cm.

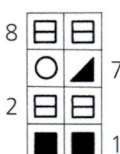

8b

Zeichenerklärung:

■ = 1 M re

⊟ = 1 M li

◣ = 2 M re zusammenstr.

○ = 1 Umschlag

◣ = 2 M überzogen zusammenstr.

8a

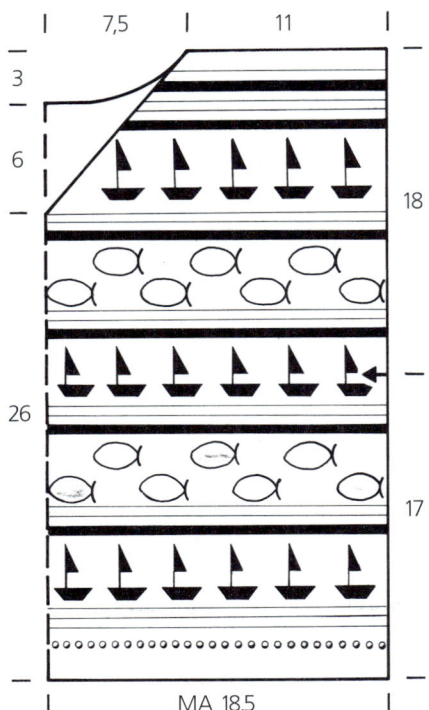

Vorder- und Rückenteil, Hälfte

Pullover

Vorder- und Rückenteil: MA blau = 37 cm (112 M). Den Zackenrand arbeiten, dann im Jacquardmuster str. Bei jeder Bootskante am Anfang und Ende der R je 2 M weiß str. **Vorderer Ausschnitt:** Nach 26 cm (94 R) die mittleren 2 M re zusammenstr., beidseitig in jeder 2. R abw. 1 x 1 M und 1 x 2 M abn. Von Beginn des Ausschnitts an die beiden mittleren Boote nicht mehr str. Nach der letzten Bootskante noch je 2 R blau, gelb, türkis, weiß, blau, gelb und türkis str. An den Schultern nach 35 cm (124 R) die restlichen M abk. **Hinterer Ausschnitt:** Nach 32 cm (116 R) die mittleren 30 M abk., beidseitig in jeder 2. R 1 x 4, 1 x 2 und 1 x 1 M abn. Zuletzt die Ringel wie am Vorderteil str.

Ärmel: MA blau = je 13 cm (40 M). 2 cm (8 R) im Rippenmuster str. Dabei

in der letzten Rück-R nach jeder 2. M 1 M re verschränkt aus dem Verbindungsfaden herausstr. (siehe Zeichnung). Dann im Ringelmuster str.

Ärmelschrägungen: 22 x in jeder 4. R je 1 M zun. Die Ärmel nach 92 R beenden.

Ausschnittblende: MA blau = 40 cm (120 M). 8 Rd im Rippenmuster str. In jeder Rd die 1. re Mittel-M mit der davorliegenden M re zusammenstr., die 2. re Mittel-M mit der folgenden M überzogen zusammenstr. (siehe Angabe in der Zeichenerklärung).

Beim Zusammennähen den Zackenrand in der Loch-R nach links umschlagen und locker annähen. Die Ausschnittblende am Maschenanschlag annähen.

Ärmel, Hälfte

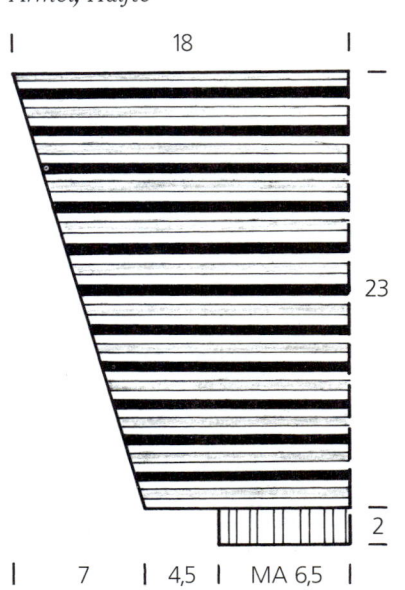

Hose

Hosenteile: MA blau = je 40 cm (117 M). Den Zackenrand arbeiten. Dann 28 R des Jacquardmusters str. Anschließend blau außen re weiterarbeiten. 4 cm gerade str. Seitl. Schrägungen: 9 x in jeder 6. R 1 M zun. Vorderer und hinterer Schritt: In jeder 2. R 2 x 3 M, 2 x 2 M, 5 x 1 M abn., noch 52 R geradestr. In der letzten R jede 2. und 3. M re zusammenstr. Den Bund 3 cm (12 R) im Rippenmuster blau anstr.

Beim Zusammennähen den Zackenrand in der Loch-R nach links umschlagen und locker annähen. Dem Bund von links eine Gummilitze mit Hexenstichen gegennähen.

Mütze

Randstreifen: MA blau = 49 cm (144 M). In Rd außen re str. 6 x in jeder 2. Rd an 11 gleichmäßig verteilten Stellen 1 M re verschränkt aus dem Verbindungsfaden herausstr. (siehe Zeichnung). Die Zunehmestellen versetzen. Nach 4 cm (16 Rd) **Mützenteller** im Ringelmuster arbeiten (210 M). 6 Rd über alle M str., dann an 6 gleichmäßig verteilten Stellen 16 x in jeder 2. Rd nebeneinander 2 M re zusammenstr. und 2 M überzogen zusammenstr. (siehe Angabe in der Zeichenerklärung). Die letzten 18 M zusammenziehen.

Mützenbund: MA blau = 40 cm (126 M). 20 Rd im geringelten Rippenmuster str. Bei jedem Farbwechsel die 1. Rd re str. Die M auf einen Faden ziehen und dem Randstreifen mit Steppstichen aufnähen (siehe Zeichnung Seite 6).

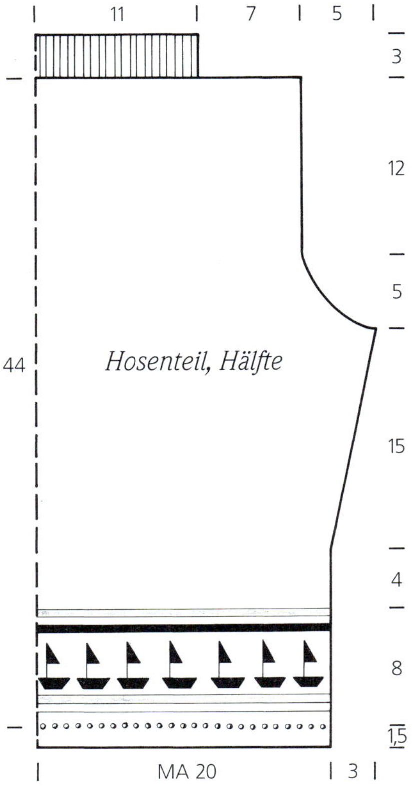

Randstreifen

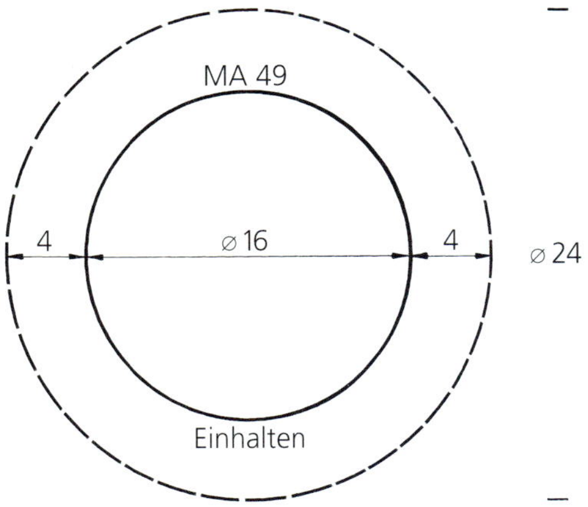

MA 49

4 ⌀ 16 4

Einhalten

Mützenteller

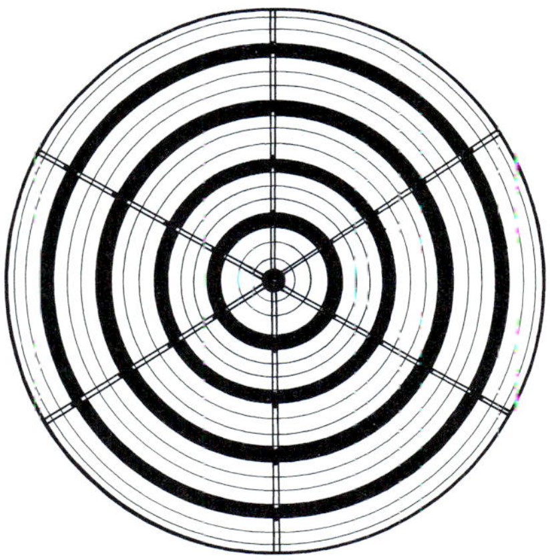

⌀ 24

11 7 5

3

12

5

44 *Hosenteil, Hälfte*

15

4

8

1,5

MA 20 3

Mützenbund

4

MA 20

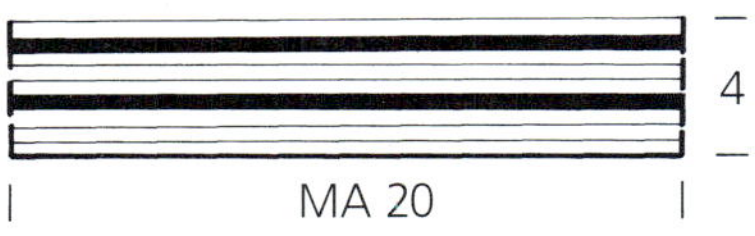

Socken

Grundform: MA am oberen Rand blau = je 16 cm (48 M). 8 Rd im Rippenmuster str. Dann im Ringelmuster weiterarbeiten. Nach 7,5 cm (30 Rd) den Füßling anstr. Zunächst die M des Fußblattes auf der Nadel lassen (24 M) und die Ferse über 24 M 16 R blau außen re str. Dann die M der Ferse in 3 Teile teilen und nur über die mittleren 8 M str. Für das Deckelchen am Ende jeder Hin-R die letzte der 8 Mittel-M mit der folgenden M überzogen zusammenstr., wenden, die zusammengestr. M mit vorgelegtem Faden abheben und zurückstr. Am Ende jeder Rück-R die letzte der 8 Mittel-M mit der folgenden M li zusammenstr., wenden, die zusammengestr. M mit hintergelegtem Faden abheben und zurückstr. Sind nach Fertigstellen des Deckelchens alle seitlichen M abgenommen, jedes hintere M-Glied von der Rand-M der Ferse aufnehmen (je 8 M) und wieder über alle M in Rd im Ringelmuster weiterarbeiten. Dabei die aufgenommenen M in der 1. Rd re verschränkt str. Zur Bildung der Zwickel 3 x in jeder 2. Rd die 1. M des Fußblattes mit der vorhergehenden M re zusammenstr., die letzte M des Fußblattes mit der folgenden M überzogen zusammenstr., so daß dann 42 M auf den Nadeln sind. Nach 4,5 cm (18 Rd) für die Spitze 4 x in jeder 2. Rd und 4 x in jeder Rd. beidseitig nebeneinander 2 M re zusammenstr. und 2 M überzogen zusammenstr. Die letzten 10 M zusammenziehen.

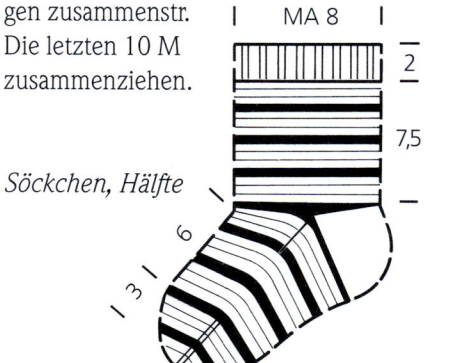

Söckchen, Hälfte

Gehäkelter Pulli und Mützchen

Größe 92–98

Material:
Jaeger „Coton à Tricoter" (100 %
Baumwolle, Lauflänge: 50 g etwa
175 m), etwa 250 g weiß (Fb 02)
und 100 g dunkelblau (Fb 014),
1 Häkelnadel Nr. 2½.

Stäbchenmuster: In R nach Schema
9a, in Rd nach Schema 9b arbeiten.
Bei A dunkelblau mit 1 Luft-M-Kette
beginnen. Alle R bzw. Rd mit festen M
dunkelblau, alle R bzw. Rd mit Stäbchen weiß arbeiten. In Breite und Höhe

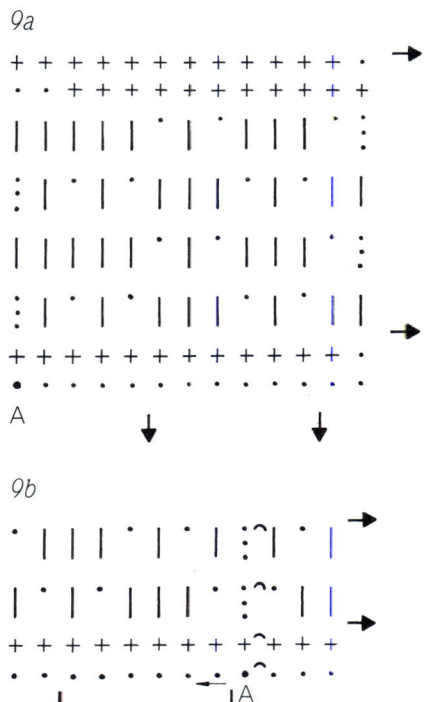

9a

9b

A

ist innerhalb der Pfeile 1 Mustersatz gezeigt, der zu wiederholen ist. Außerhalb der senkrechten Pfeile ist der Übergang zur nächsten R bzw. der Rundenübergang angegeben.
M-Probe: 35 M / 20 R bzw. Rd = 10 cm.

Ringelmuster: In Rd nach Schema 9c im Anschluß an das Stäbchenmuster häkeln. Alle Rd mit festen M dunkelblau, alle Rd mit Stäbchen weiß arbeiten. In Breite und Höhe ist innerhalb der Pfeile 1 Mustersatz gezeigt, der zu wiederholen ist. Außerdem ist im Schema der Rundenübergang angegeben.

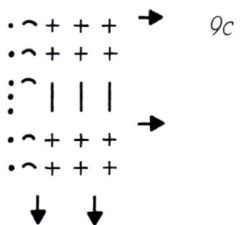

9c

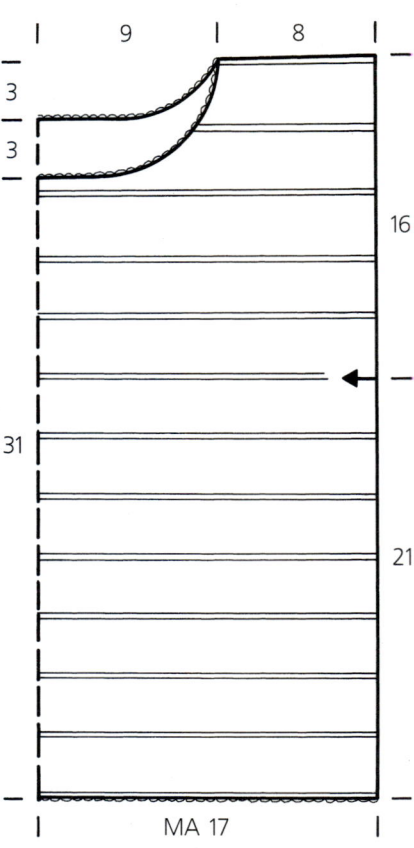

Vorder- und Rückenteil, Hälfte

Zeichenerklärung:

• = 1 Luft-M

⌒ = 1 Ketten-M

+ = 1 feste M

| = 1 Stäbchen

Pulli

Vorder- und Rückenteil: MA dunkelblau = je 34 cm (122 Luft-M). Im Stäbchenmuster nach Schema 9a arbeiten.
Vorder Ausschnitt: Nach 31 cm (62 R) in der Mitte 31 M stehenlassen und beidseitig in jeder 2. R 2 x 6 und 2 x 2 M stehenlassen. **Hinterer Ausschnitt:** Nach 34 cm (68 R) in der Mitte 43 M stehenlassen, beidseitig 2 x in jeder 2. R 5 M stehenlassen. Nach 37 cm (73 R vom unteren Rand aus) sind die Schultern erreicht.

Ärmel: MA dunkelblau = je 20 cm (74 Luft-M). Im Stäbchenmuster arbeiten.
Ärmelschrägungen: 4 R geradehäkeln, dann 10 x in jeder 2. R 2 M zun.

Nach 12 cm (25 R) die Ärmel beenden. Nach dem Zusammennähen dem Ausschnitt dunkelblau 1 Rd feste M anhäkeln. Dann am Ausschnitt, am unteren Rand und an den Ärmelrändern noch eine dunkelblaue Bogenkante anhäkeln. Im Ausschnitt gleich im Anschluß an die Berandung, am unteren Rand und an den Ärmelrändern von rechts in die Anschlag-Luft-M arbeiten. Dafür abw. 1 Ketten-M in 1 feste

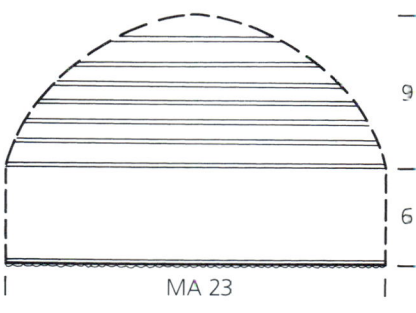

Mützchen, Hälfte

Mützchen

Grundform: MA dunkelblau = 46 cm (156 Luft-M). Im Stäbchenmuster nach Schema 9b 6 cm (10 Rd) häkeln. Dann im Ringelmuster weiterarbeiten und gleichzeitig mit dem Abn. beginnen: 6 x (in jeder Stäbchen-Rd) an 11 gleichmäßig verteilten Stellen je 3 Stäbchen zusammen abmaschen (siehe Zeichnung), in der letzten Rd 8 x 3 Stäbchen zusammen abmaschen. Die Abnehmestellen versetzen. Die letzten 8 Stäbchen zusammenziehen. Dem unteren Mützenrand von rechts eine dunkelblaue Bogenkante anhäkeln. In der Mützenmitte eine Schleife aus dunkelblauem Satinband annähen.

M bzw. in 1 Anschlag-Luft-M, 2 feste M bzw. 2 Anschlag-Luft-M mit 4 Luft-M übergehen. In den unteren Pulli-Rand ein 130 cm langes weißes Satinband einziehen.

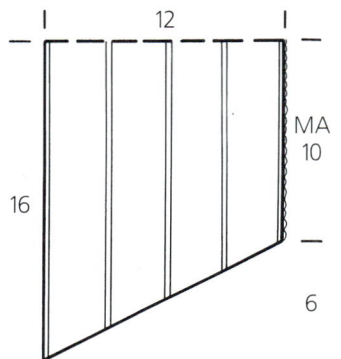

Ärmel, Hälfte

Norweger –
wie für die Großen

Pullover mit Noppen, Pudelmütze und Handschuhe

Größe 92

Material:
ONline „Lambswool 156" (100 % Merino Lambswool, Lauflänge: 50 g etwa 156 m), etwa 250 g weiß (Fb 01), 50 g sandfarben (Fb 102) und 100 g hellblau (Fb 103), Stricknadeln und je ein Spiel Stricknadeln Nr. 2½ und 3.

10a

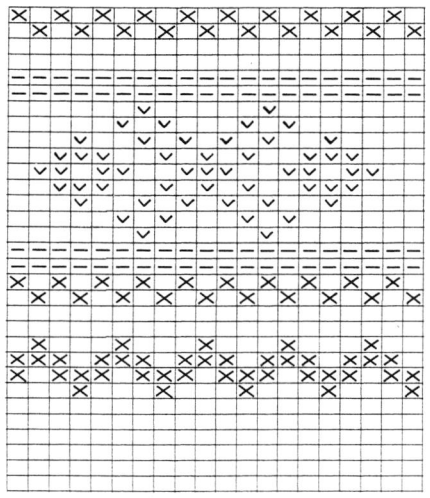

10b

Zeichenerklärung:

□ = 1 weiße M

☒ = 1 sandfarbene M

⊟ = 1 hellblaue M

☑ = 1 sandfarbener Strickstich

◉ = 1 Noppe: In die M einstechen, zweimal abw. 1 Schlinge holen und 1 U bilden, zuletzt noch 1 Schlinge holen. Die Arbeit wenden, die 5 M re str., wenden, die 5 M li str., wenden, die 5 M re str., nochmals wenden und die 5 M re verschränkt zusammenstr. (siehe Zeichnung).

Rippenmuster (Nadeln Nr. 2 1/2):
In R und Rd abw. 2 M re, 2 M li str.
M-Probe: 30 M = 10 cm.

Breites Rippenmuster (Nadeln Nr. 3):
In Rd abw. 2 M re, 7 M li str.
M-Probe: 31 M / 38 Rd = 10 cm.

Kantenmuster (Nadeln Nr. 3): In R für Vorder- und Rückenteil nach Zählmuster 10a, in Rd für die Handschuhe

nach Zählmuster 10b außen re str. In den zweifarbigen R bzw. Rd mit 2 Farbfäden arbeiten. Den nichtgebrauchten Faden auf der Musterrückseite lose weiterführen.
M-Probe: 28 M / 35 R bzw. Rd = 10 cm.

Pullover

Vorder- und Rückenteil: MA weiß = je 29 cm (88 M + 2 Rand-M). Im Rippenmuster 3 cm (12 R) str. Dann im Kantenmuster weiterarbeiten. In der 1. R nach jeder 6. M 1 M re verschränkt aus dem Verbindungsfaden herausstr. (103 M, siehe Zeichnung).

Vorder- und Rückenteil, Hälfte

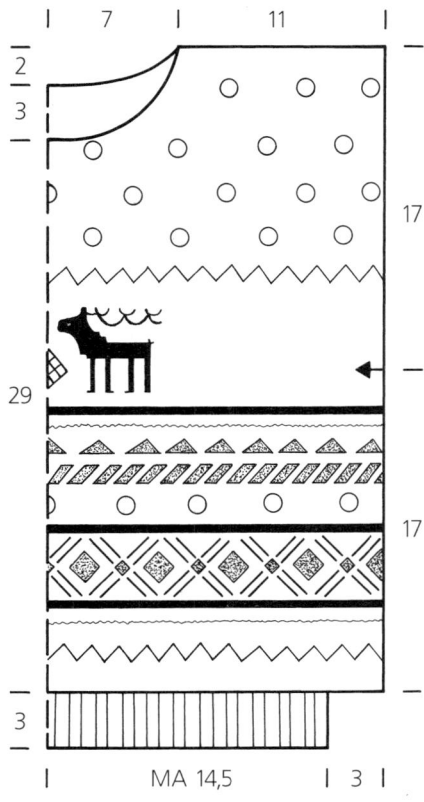

Die M innerhalb der Pfeile zweimal str., dann von Pfeil bis Doppelpfeil arbeiten und die M innerhalb der Doppelpfeile zweimal str. Sind die Kanten beendet, für das weiße Noppenmuster die R innerhalb der Kreuze wiederholen. **Vorderer Halsausschnitt** nach 29 cm (104 R) vom Bund an: In der Mitte 6 M abk., dann beidseitig in jeder 2. R dreimal 3 M, zweimal 2 M und dreimal 1 M abn. **Hinterer Halsausschnitt** nach 32 cm (112 R) vom Bund an: In der Mitte 20 M abk., dann beidseitig in jeder 2. R einmal 4 M, einmal 3 M und zweimal 2 M abn., noch 2 R geradestr. Nach 34 cm (122 R) vom Bund an die Schulter-M abk.

Ärmel: MA weiß = je 14 cm (42 M + 2 Rand-M). Im Rippenmuster 3 cm (12 R) str. Dann zunächst 2 R außen re arbeiten, dabei in der 1. R nach jeder 3. M 1 M re verschränkt aus dem Verbindungsfaden herausstr. (57 M). Dann im Noppenmuster weiterarbeiten. Dafür die R innerhalb der Kreuze (Zählmuster 10a) wiederholen. **Ärmelschrägungen:** Beidseitig 20mal in jeder 3. R 1 M zun. In der 9. R trifft 1 Noppe in die Ärmelmitte. Nach 48 R für die Musterkante die R innerhalb der Punkte arbeiten. Zuletzt die M auf einen Faden ziehen.

Ärmel, Hälfte

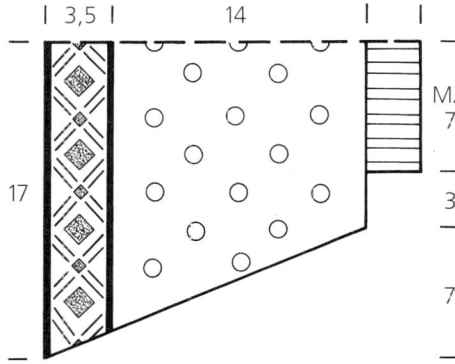

Rollkragen: MA weiß = 32 cm (96 M). Im Rippenmuster 10 cm (38 Rd) str. Die M auf einen Faden ziehen.

Vor dem Zusammennähen dem Vorderteil das Motiv mit sandfarbenen Strickstichen aufsticken (siehe Zeichnung unten). Die M der Ärmel mit hellblauen, die M des Rollkragens mit weißen Steppstichen aufnähen (siehe Zeichnung Seite 6).

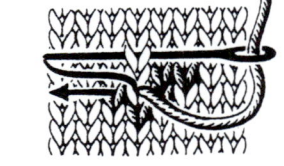

Mütze

MA hellblau = 34 cm (104 M). Im Rippenmuster 10 cm (38 Rd) str. Dann im breiten Rippenmuster weiterarbeiten. In der 1. Rd. 13mal die mittlere der 7 Links-M li verschränkt aus dem Verbindungsfaden herausstr. (siehe Zeichnung).

Die re M treffen über die re M des Rippenmusters. Nach 8 cm (30 Rd) zur Bildung der Schnittform in jedem Mustersatz 2 Links-M li zusammenstr (siehe Zeichnung).

Das Abnehmen noch fünfmal (in der 36., 42., 46., 50. und 52. Rd) wiederholen. Die Abnehmestellen liegen einmal vor und einmal nach den 2 Rechts-M. Die letzten 39 M zusammenziehen und einen großen hellblauen Pompon annähen (siehe Zeichnung).

Mütze, Hälfte

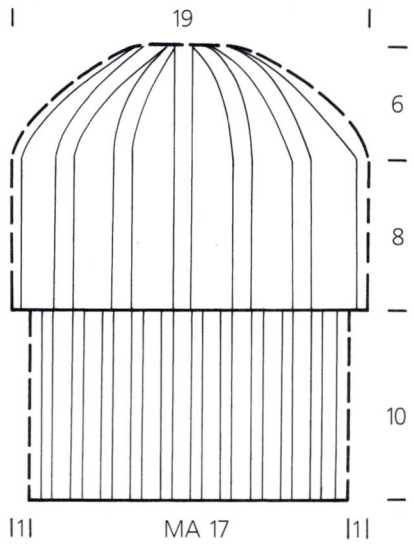

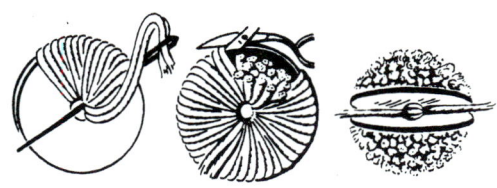

Handschuhe

MA weiß = je 10 cm (32 M). Im Rippenmuster 5 cm (18 Rd) str. Dann nach Zählmuster 10b weiterarbeiten. In der 1. Rd nach jeder 4. M 1 M re verschränkt aus dem Verbindungsfaden

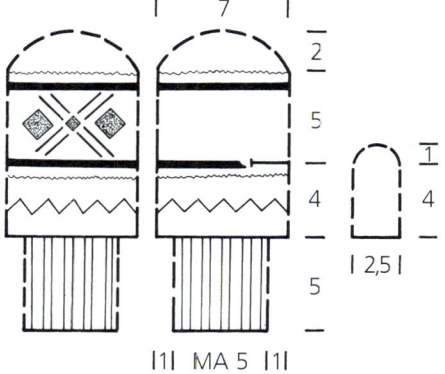

Handschuh mit Daumen

herausstr. (40 M). Für den Daumenschlitz nach 4 cm (14 Rd) über 6 M einen andersfarbigen Faden einstr. Nach 9 cm (31 Rd vom Bündchen an) weiß außen re weiterarbeiten und zur Bildung der Spitze beidseitig achtmal in jeder Rd nebeneinander 2 M re zusammenstr. (siehe linke Zeichnung) und 2 M überzogen zusammenstr. (1 M wie zum Rechtsstr. abheben, 1 M re stricken und die abgehobene M darüberziehen, siehe rechte Zeichnung). Die letzten 8 M zusammenziehen.

Für den **Daumen** den andersfarbigen Faden entfernen, die M auf Stricknadeln nehmen, seitlich je 1 M zun. und weiß über 14 M 4 cm außen re str. Für die Spitze siebenmal 2 M re zusammenstr. und die letzten 7 M zusammenziehen. Das Motiv jedem Handrücken nach Zählmuster 10b mit sandfarbenen Strickstichen aufsticken.

Pullover im Jacquardmuster, Mütze, Stutzen und Weste

Größe 98

Material:
ONline „Lambswool 156" (100 % Merino Lambswool), Lauflänge: 50 g etwa 156 m; für Pullover, Mütze und Stutzen etwa 200 g dunkelgrau (Fb 106), 50 g beige (Fb 101), 50 g hellblau (Fb 103), 100 g sandfarben (Fb 102), 50 g grau (Fb 105) und 50 g weiß (Fb 01), für die Weste etwa 200 g weiß; Stricknadeln und je ein Spiel Stricknadeln Nr. 2½ und 3.

Rippenmuster (Nadeln Nr. 2 1/2): In R und Rd abw. 1 M re, 1 M li str. M-Probe: 29 M = 10 cm.

Jacquardmuster (Nadeln Nr. 3): In R und Rd nach dem Zählmuster 11a außen re str. In den zweifarbigen R bzw. Rd mit 2 Farbfäden str. Den nichtgebrauchten Faden auf der Musterrückseite lose weiterführen. Bei Fadenflottungen über mehr als 5 M den Faden auf der Musterrückseite einbinden (siehe Zeichnungen). Den Mustersatz in Breite und Höhe wiederholen. M-Probe: 29 M / 34 R bzw. Rd = 10 cm.

Pullover

Vorder- und Rückenteil: MA dunkelgrau = je 36 cm (109 M + 2 Rand-M). Im Rippenmuster 2 cm (8 R) str., dann im Jacquardmuster weiterarbeiten).

11a

Zeichenerklärung:
⊠ = 1 dunkelgraue M
☐ = 1 beigefarbene M
⊡ = 1 sandfarbene M
⊟ = 1 hellblaue M
⊙ = 1 weiße M
⧄ = 1 graue M

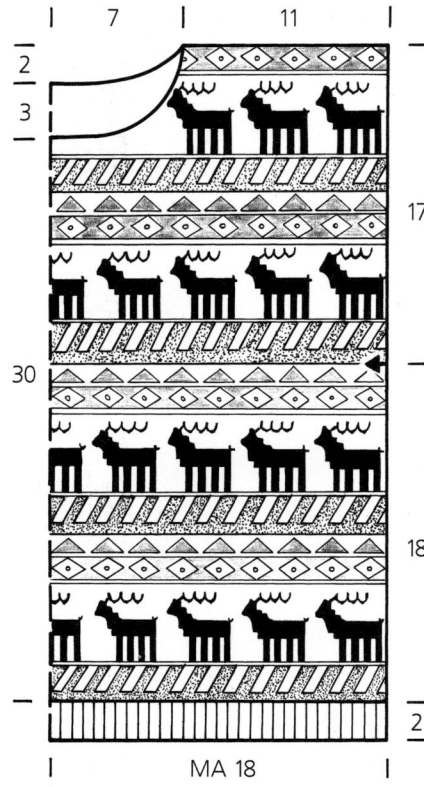

Vorder- und Rückenteil, Hälfte

Vorderer Halsausschnitt nach 30 cm (102 R) im Jacquardmuster: In der Mitte 13 M abk., beidseitig in jeder 2. R dreimal 3 M und fünfmal 1 M abn.
Hinterer Halsausschnitt nach 33 cm (112 R) im Jacquardmuster: In der Mitte 15 M abk., beidseitig in jeder 2. R einmal 6 M, einmal 4 M und einmal 2 M abn. Nach 35 cm (120 R) im Jacquardmuster die Schulter-M abk.

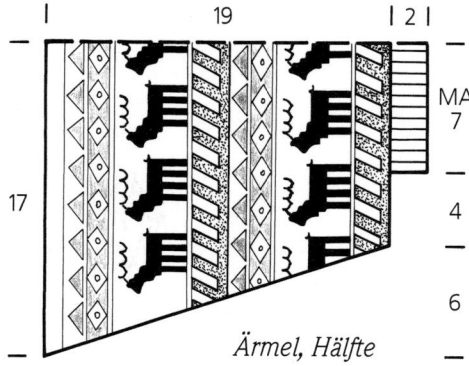

Ärmel, Hälfte

Ärmel: MA dunkelgrau = je 14 cm (40 M + 2 Rand-M). Im Rippenmuster 2 cm (8 R) str. Dann im Jacquardmuster weiterarbeiten. In der 1. R nach jeder 2. M 1 M re verschränkt aus dem Verbindungsfaden herausstr. (60 M, siehe Zeichnung Seite 6). **Ärmelschrägungen:** Beidseitig 16mal in jeder 4. R 1 M zun.

Armausschnittblende: MA dunkelgrau = 30 cm (88 M). In Rd im Rippenmuster str. Nach 2 cm (8 Rd) die M auf einen Faden ziehen.

Die Teile zusammennähen. Die M der Ausschnittblende mit Steppstichen aufnähen (siehe Zeichnung Seite 6).

Mütze

MA dunkelgrau an den Ohrenteilen = je 9 M + 2 Rand-M. Zunächst 10 R im Rippenmuster str. Für die Rundung beidseitig in jeder 2. R einmal 4 M, einmal 2 M und zweimal 1 M zun. Dann im Jacquardmuster 24 R geradestr. Beim Pfeil im Zählmuster beginnen. Dann zwischen den Teilen dunkelgrau M anschlagen: am vorderen Rand 16 cm (45 M), am hinteren Rand 8 cm (21 M). In Rd im Jacquardmuster weiterarbeiten (120 M), nur über die neu angeschlagenen M 3 Rd im Rippenmuster str. Der Rd-Übergang liegt in der hinteren Mitte. Nach weiteren 35 Muster-Rd dunkelgrau außen re str. und an 10 gleichmäßig verteilten Stellen 3 M zusammenstr. (2 M zusammen wie zum Rechtsstr. abheben, 1 M re str. und die abgehobenen M darüberziehen). Das Abnehmen noch viermal (in der 39., 43., 45. und 47. Rd) wiederholen. Die Abnehmestellen treffen übereinander. Zuletzt zehnmal 2 M re zusammenstr. und die restlichen 10 M zusammenziehen.

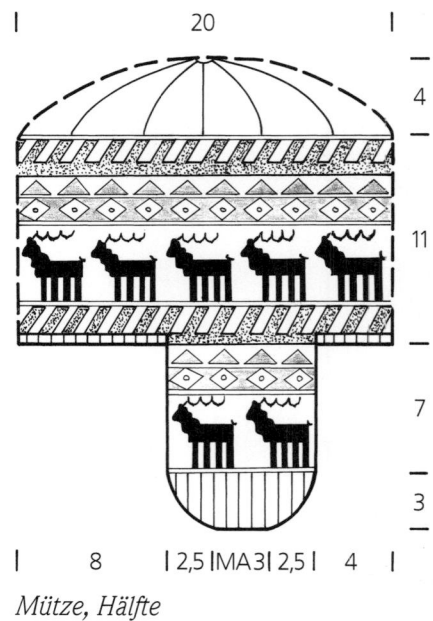

Mütze, Hälfte

Aus den Rändern der Ohrenteile von rechts dunkelgraue M herausholen (75 M) und 3 R im Rippenmuster anstr.

Stutzen

MA dunkelgrau = je 21 cm (60 M + 2 Rand-M). Im Rippenmuster 2 cm (8 R) str. Dann im Jacquardmuster weiterarbeiten. Beim Doppelpfeil im Zählmuster beginnen. Nach 13 cm (43 R) noch 2 cm (8 R) dunkelgrau im Rippenmuster str. Die M mustergemäß abk. Die Naht schließen.

Stutzen, Hälfte

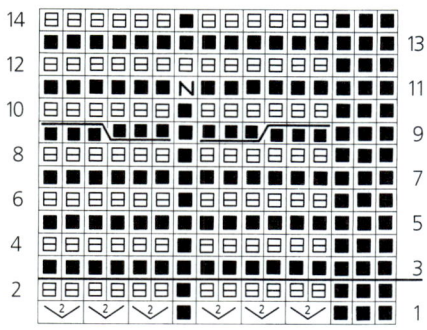

11b

Weste

Kraus gestrickt (Nadeln Nr. 2¹/₂):
In den Hin- und Rück-R re M str.
M-Probe: 22 M = 10 cm.

Zopfmuster (Nadeln Nr. 2¹/₂): Nach
der Strickschrift 11b arbeiten. Die 1. R
gibt das Zunehmen für den Musterüber-
gang. Die 3. – 14. R wiederholen.
M-Probe: 33 M / 37 R = 10 cm.

Vorderteile: MA = je 20 cm (43 M +
2 Rand-M). 1,5 cm (6 R) kraus str.

*Vorderes und hinteres Westenteil,
Hälfte*

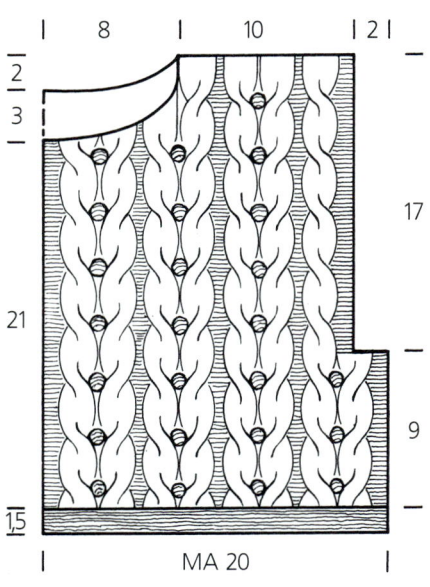

Dann im Zopfmuster weiterarbeiten.
Knötchenränder str. (siehe Zeichnung
Seite 6). Nach 9 cm für die Armausschnitte 7 M abk. und neben der Knötchenrand-M 3 M stets re str. **Halsausschnitt** nach 21 cm (78 R) im Zopfmuster: 8 M abk., dann in jeder 2. R einmal 6 M, einmal 4 M, einmal 3 M,
zweimal 2 M und zweimal 1 M abn.,
noch 4 R geradestr.

Rückenteil: MA = 40 cm (83 M + 2
Rand-M). 1,5 cm (6 R) kraus str. Dann
im Zopfmuster weiterarbeiten. Knötchenränder str. Die Armausschnitte wie
an den Vorderteilen arbeiten. **Halsausschnitt** nach 24 cm (88 R) im Zopfmuster: In der Mitte 19 M abk., beidseitig
in jeder 2. R zweimal 5 M und zweimal
3 M abnehmen. Nach 26 cm (98 R im
Zopfmuster) die Schulter-M abk.

Ausschnittblende: MA = 34 cm (76
M). 5 R kraus str. Knötchenränder
arbeiten. Dann die M auf einen Faden
ziehen.

Die Teile zusammennähen. Die Blenden-M mit Stepp-
stichen aufnähen
(siehe Zeichnung
Seite 6). Für den
Knopfschluß 1 Öse
anschürzen
(siehe Zeichnung).

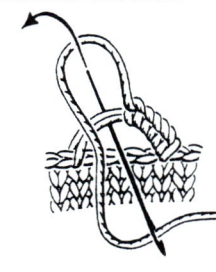

Zeichenerklärung:

■ = 1 M re

⊟ = 1 M li

■■■/■■■
= 6 M nach re
verkreuzen: 3 M
auf eine Hilfsnadel
nach hinten neh-
men, 3 M re str., dann die M von der
Hilfsnadel re str.

■■■\■■■
= 6 M nach li
verkreuzen: 3 M
auf eine Hilfsnadel
nach vorn nehmen,
3 M re str., dann die M von der Hilfsnadel re str.

N = 1 Noppe:
In die M ein-
stechen, zweimal
abw. 1 Schlinge
holen und 1 U
bilden, zuletzt
noch 1 Schlinge holen. Die Arbeit wenden, die 5 M re str., wenden, die 5 M li
str., wenden, die 5 M re str., nochmals
wenden und die 5 M re verschränkt
zusammenstr.

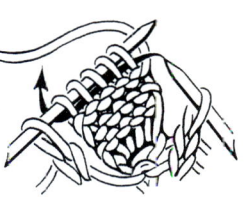

= Aus 1 M 2 M
herausstr.: Die M re str.,
noch auf der linken
Nadel lassen und die M
noch einmal re verschränkt abstr., beide
M von der linken Nadel gleiten lassen.

Jacke mit Sternmuster, Zipfelmütze und Schal

Größe 104–110

Material:
ONline „Lambswool 156" (100 %
Merino Lambswool, Lauflänge: 50 g
etwa 156 m); für Jacke und Mütze
etwa 300 g sandfarben (Fb 102) und
200 g weiß (Fb 01), für den Schal
etwa 100 g weiß; Stricknadeln
und je 1 Spiel Stricknadeln Nr. 2½
und 3.

12a

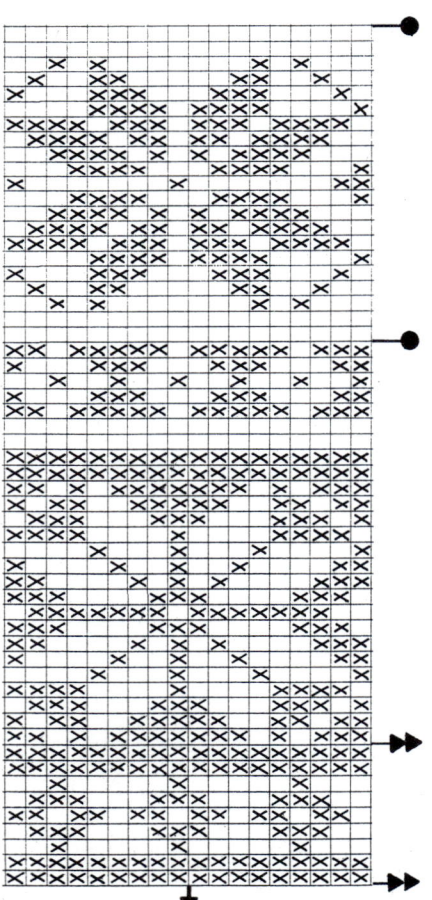

Rippenmuster (Nadeln Nr. 2½):
In R und Rd abw. 2 M re, 2 M li str.
M-Probe: 29 M = 10 cm.

Jacquardmuster (Nadeln Nr. 3): In R
und Rd nach dem Zählmuster 12a
außen re str. In den zweifarbigen R
bzw. Rd mit 2 Farbfäden str. Den nichtgebrauchten Faden auf der Musterrückseite lose weiterführen. Bei Fadenflottungen über mehr als 5 M den Faden
auf der Musterrückseite einbinden
(siehe Zeichnungen). Den Mustersatz
in Breite und Höhe wiederholen.
M-Probe: 29 M / 35 R bzw. Rd =
10 cm.

Zopfmuster (Nadeln Nr. 3): Nach der
Strickschrift 12 b arbeiten. In den nichtangegebenen Rück-R bzw. Rd die M
so str., wie sie erscheinen. Die 1.-12. R
bzw. Rd wiederholen.
M-Probe: 29 M / 40 R bzw. Rd =
10 cm.

Doppelseitiges Zopfmuster (Nadeln
Nr. 3): Nach der Strickschrift 12c arbeiten. In den nichtangegebenen Rück-R
die M so str., wie sie erscheinen. Die 3.
bis 14. R wiederholen.
M-Probe: 34 M / 40 R = 10 cm.

Zeichenerklärung:
☐ = 1 weiße M
☒ = 1 sandfarbene M

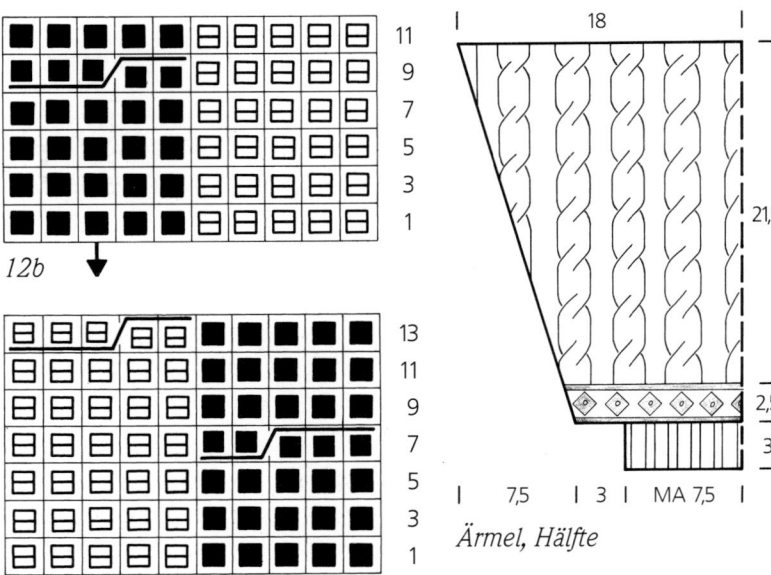

12b

12c

Jacke

Vorderteile: MA sandfarben = je 22 cm (64 M + 2 Rand-M). Im Rippenmuster 2,5 cm (10 R) str. Dann im Jacquardmuster weiterarbeiten. Das linke

Vorder- und Rückenteil, Hälfte

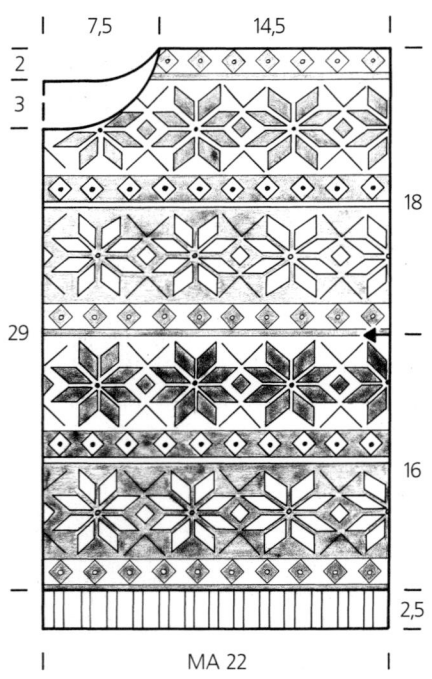

Vorderteil beim Pfeil im Zählmuster beginnen. **Halsausschnitt** nach 29 cm (102 R) im Jacquardmuster: 7 M abk., dann in jeder 2. R einmal 3 M, viermal 2 M und dreimal 1 M abn. Nach 34 cm (121 R) im Jacquardmuster die Schulter-M. abk.

Rückenteil: MA sandfarben = 44 cm (127 M + 2 Rand-M). Im Rippenmuster 2,5 cm (10 R) str. Dann im Jacquardmuster weiterarbeiten. Das Rückenteil beim Pfeil im Zählmuster beginnen. **Halsausschnitt** nach 32 cm (112 R) im Jacquardmuster: In der Mitte 19 M abk., beidseitig in jeder 2. R. einmal 6 M, einmal 3 M, einmal 2 M und einmal 1 M abn. Nach 34 cm (121 R) im Jacquardmuster die Schulter-M. abk.

Ärmel: MA sandfarben = je 15 cm (44 M + 2 Rand-M). Im Rippenmuster 3 cm (12 R) str. Dabei in der letzten Rück-R für die größere Schnittbreite nach jeder 2. M 1 M re verschränkt aus dem Verbindungsfaden herausstr. (siehe Zeichnung Seite 6). Dann für die schmale Kante nach Zählmuster 12a die R innerhalb der Doppelpfeile str. Noch eine Rück-R sandfarben li M str. und im

Ärmel, Hälfte

Zopfmuster weiterarbeiten. Pfeil an der Strickschrift 12b = Ärmelmitte. **Ärmelschrägungen:** Beidseitig abw. einmal in der 4. R und einmal in der 6. R 1 M zun. (je 19 M).

Ausschnittblende: MA sandfarben = 31 cm (90 M + 2 Rand-M). Im Rippenmuster 2,5 cm (9 R) str. Die M auf einen Faden ziehen. Vordere Blenden: MA sandfarben = je 34 cm (98 M + 2 Rand-M). Im Rippenmuster 2,5 cm (9 R) str. Der rechten Blende in der 5. R 5 Knopflöcher einarbeiten – Abstand vom oberen und unteren Rand je 5 M (einschließlich Rand-M), dazwischen 20 M. Für jedes Knopfloch 2 M abk. und in der folgenden R wieder anschlagen (siehe Zeichnung Seite 6). Die M auf Fäden ziehen.

Die Teile zusammennähen. Die M der Ausschnittblende und zuletzt die M der vorderen Blenden den Rändern mit Steppstichen aufnähen (siehe Zeichnung Seite 6).

Mütze

MA sandfarben = 36 cm (108 M). Im Rippenmuster 6 cm (24 Rd) str. Dann 1 Rd sandfarben re M str., dabei für die größere Schnittbreite nach jeder 6. M 1 M re verschränkt aus dem Verbindungsfaden herausstr. (126 M). Anschließend für die breite Kante nach Zählmuster 12a die Rd innerhalb der Punkte str. Danach 1 Rd sandfarben re M str., dabei an 6 gleichmäßig verteilten Stellen je 2 M re zusammenstr. Über 120 M sandfarben im Zopfmuster weiterarbeiten. Die Strickschrift 12 d gibt die Abnehmestellen innerhalb der Arbeit. In den nichtangegebenen Rd die M so str., wie sie erscheinen. Die letzten

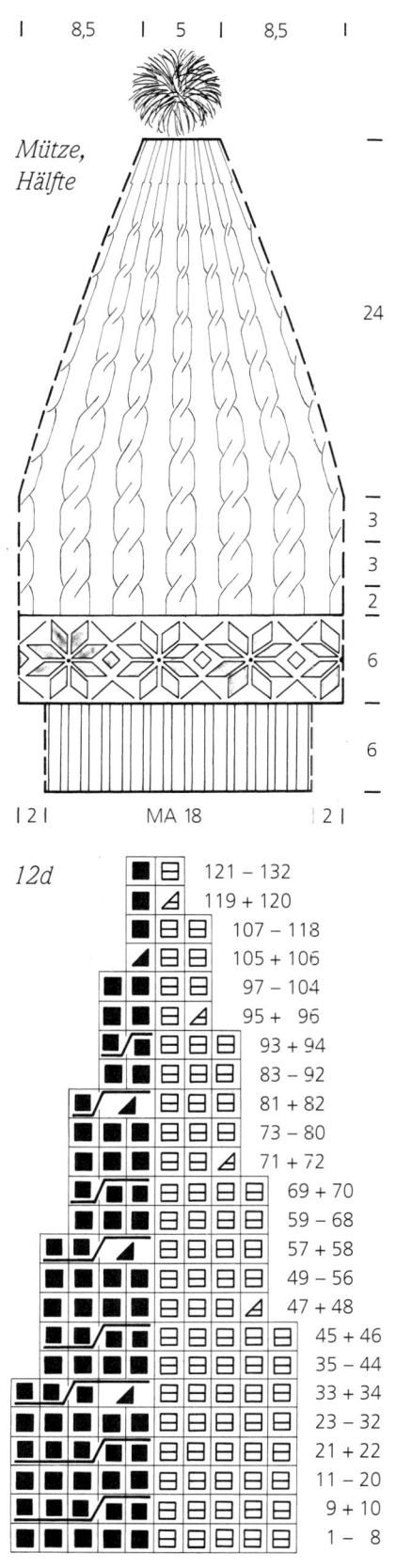

I 8,5 I 5 I 8,5 I

Mütze, Hälfte

—

24

3
3
2
6

—

6

I 2 I   MA 18   I 2 I

12d

■ 🄷	121 – 132
■ ◿	119 + 120
■ 🄷 🄷	107 – 118
◺ 🄷 🄷	105 + 106
■■ 🄷 🄷	97 – 104
■■ 🄷 ◿	95 + 96
■■◿ 🄷 🄷 🄷	93 + 94
■■ 🄷 🄷 🄷	83 – 92
■■◺ 🄷 🄷 🄷	81 + 82
■■ 🄷 🄷 🄷	73 – 80
■■ 🄷 🄷 ◿	71 + 72
■■ 🄷 🄷 🄷	69 + 70
■■■ 🄷 🄷 🄷	59 – 68
■■◺ 🄷 🄷 🄷 🄷	57 + 58
■■■ 🄷 🄷 🄷 🄷	49 – 56
■■■ 🄷 🄷 🄷 ◿	47 + 48
■■■ 🄷 🄷 🄷 🄷 🄷	45 + 46
■■■ 🄷 🄷 🄷 🄷 🄷	35 – 44
■■■◺ 🄷 🄷 🄷 🄷 🄷	33 + 34
■■■ 🄷 🄷 🄷 🄷 🄷	23 – 32
■■■ 🄷 🄷 🄷 🄷 🄷	21 + 22
■■■ 🄷 🄷 🄷 🄷 🄷	11 – 20
■■■ 🄷 🄷 🄷 🄷 🄷	9 + 10
■■■ 🄷 🄷 🄷 🄷 🄷	1 – 8

24 M zusammenziehen und 1 sandfarbenen Pompon annähen (siehe Zeichnung).

Pompon anfertigen

Schal

MA weiß = 12 cm (32 M + 2 Rand-M).
Zunächst 4 R im schmalen Rippenmuster (abw. 1 M re, 1 M li) str., dabei beidseitig neben einer Knötchenrand-M (siehe Zeichnung Seite 6) 2 M stets re arbeiten. Über den Rippenmuster-M im doppelseitigen Zopfmuster weiterarbeiten. In der 1. R nach jeder 4. M 1 M re verschränkt aus dem Verbindungsfaden herausstr. Nach 90 cm über den Zopfmuster-M 4 R im schmalen Rippenmuster str. In der 1. R jede 4. und 5. M mustergemäß zusammenstr.
Den Ecken kleine weiße Pompons annähen.

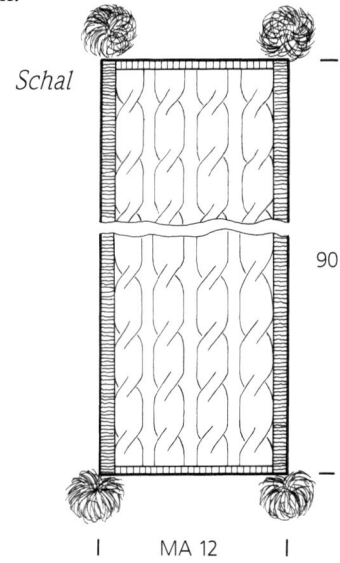

Schal

—

90

—

I   MA 12   I

■ = 1 M re   🄷 = 1 M li

◤ = 2 M re
zusammenstr.   ◥ = 2 M li
zusammenstr.

■■■◿■
■■ ◿ ■
■■ ◿ ■■
■■ ■
■ ■

 = M nach re verkreuzen: Entsprechend viele M vor der schrägen Linie auf eine Hilfsnadel nach hinten nehmen, die M nach der schrägen Linie re str., dann die M von der Hilfsnadel re str.

🄷🄷🄷◿🄷🄷 = 5 li M nach re verkreuzen: 2 M auf eine Hilfsnadel nach hinten nehmen, 3 M li str., dann die M von der Hilfsnadel li str.

■■◿■■ = 5 M verkreuzen, dabei 1 M abn.: 3 M auf eine Hilfsnadel nach hinten nehmen, 2 M re str., dann 2 M von der Hilfsnadel re zusammenstr. und 1 M re str.

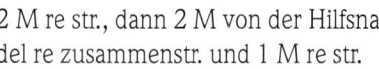

■■◿◤ = 4 M verkreuzen, dabei 1 M abn.: 2 M auf eine Hilfsnadel nach hinten nehmen, 2 M re str., dann die 2 M von der Hilfsnadel re zusammenstr.

■◿◤ = 3 M verkreuzen, dabei 1 M abn.: 2 M auf eine Hilfsnadel nach hinten nehmen, 1 M re str., dann die 2 M von der Hilfsnadel re zusammenstr.

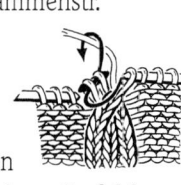

Die Deutsche Bibliothek - CIP-Einheits-
aufnahme
Stricken und Häkeln fürs Baby : Pullover,
Jacken, Mützen, Hosen, Schuhe, Strümpfe /
Sigrid Bode/Brigitte Dietze/Gundula Steinert.
Augsburg : Augustus, 1996
ISBN 3-8043-0350-1

Fotos: Klaus Lipa, Augsburg,
Zeichnungen: Manuela Juntke, Leipzig
Lektorat: Eva-Maria Müller, Augsburg
Umschlaggestaltung: Christa Manner,
München
Layout: Anton Walter, Gundelfingen

Augustus Verlag Augsburg 1996
© Weltbild Verlag GmbH, Augsburg

Satz: Gesetzt aus 10 Punkt Weidemann Book
in Quark-X-Press von Walter Werbegrafik,
Gundelfingen
Reproduktion: GAV, Gerstetten
Druck und Bindung: Uhl, Radolfzell

Gedruckt auf 120 g umweltfreundlich
elementar chlorfrei gebleichtes Papier.

ISBN 3-8043-0350-1

Printed in Germany